麦肯锡高效沟通课

掌控高难度谈判的13种技巧

[日]**高杉尚孝** 著

杨建兴 译

中信出版集团｜北京

图书在版编目（CIP）数据

麦肯锡高效沟通课：掌控高难度谈判的13种技巧 /
（日）高杉尚孝著；杨建兴译 . -- 北京：中信出版社，
2019.11

ISBN 978-7-5217-1083-0

Ⅰ . ①麦… Ⅱ . ①高… ②杨… Ⅲ . ①谈判学 Ⅳ.
① C912.35

中国版本图书馆 CIP 数据核字（2019）第 209958 号

麦肯锡高效沟通课——掌控高难度谈判的 13 种技巧

著　　者：[日]高杉尚孝
译　　者：杨建兴
出版发行：中信出版集团股份有限公司
　　　　　（北京市朝阳区惠新东街甲 4 号富盛大厦 2 座　邮编　100029）
承　印　者：北京楠萍印刷有限公司

开　　本：787mm×1092mm　1/32　　　印　　张：8　　　字　　数：129 千字
版　　次：2019 年 11 月第 1 版　　　　印　　次：2019 年 11 月第 1 次印刷
京权图字：01-2014-5682　　　　　　　广告经营许可证：京朝工商广字第 8087 号
书　　号：ISBN 978-7-5217-1083-0
定　　价：42.00 元

目录

第3章

让协商进行得更加顺利

本书旨在通过讲解 13 种沟通技巧，帮助读者掌握富有建设性的谈判技巧。此种谈判技巧不以击垮并战胜对方为目的，而是旨在将谈判变成一个提高双方满意度的双向沟通过程。这是一种不受情感左右且基于理性与诚实的具有建设性的谈判技巧。

即使我们以皆大欢喜为谈判宗旨，对方也很可能会对我们采取高压式的、欺骗式的、不讲道理的谈判战术。因此，在磨炼如何掌握建设性的谈判技巧的同时，本书还将帮助大家应对奸诈谈判战术。

本书共分 3 章。第 1 章将介绍开展建设性的谈判必备的 5 个基本要素。第 2 章将阐释建设性的谈判技能，并讲解如何应对常见的奸诈的谈判手法。第 3 章将聚焦第 2 章未能涉及的谈判心理战术，并就推动谈判顺利开展的关键要点进行解说。除此之外，书末以附录的形式列举了如何面对多种谈判战术的经典示例。

本书在第 1 章和第 2 章分成 13 个部分介绍沟通技

巧时，首先在开头部分讲解关键点，然后以对话形式展示失败案例，并在此基础上指出问题出在哪里，同时明确指出改进的方法。最后会以对话形式介绍成功案例，并以批注形式点明改进之处。另外，各部分无法完全涵盖的谈判技巧则在"谈判技巧补充知识"环节做了补充。

包括在美国商学院学习和在华尔街工作的经历在内，我曾在石油公司、管理咨询公司、投行等外资类全球企业积累了 20 年的商务管理经验，并且通过经营公司，积累了广泛的实践经验。回顾自己的职业生涯，我感觉将其称作一部谈判的历史也不为过。本书在参考个人经验和相关学术研究成果的基础上，力求对谈判进行系统性和实战性的讲解。我坚信本书一定会对读者朋友有所帮助。

最后，本书的出版从策划阶段便得到了 NHK（日本广播协会）教育和 NHK 出版公司中野毅先生以及其他工作人员的关照与帮助，在此谨致谢忱。

高杉尚孝

什么是"有效协商"?

　　本书将讲解不以击垮对方为目的，而是为了开展"让彼此都满意的有效协商"所需的技巧和心理战术。

　　为什么我们要开展有效协商？这是由于，无论一方在谈判中多么成功，倘若采取了使对方心存芥蒂的手法，那么双方将无法维系良好的关系，最后将会导致谈判破裂。

　　即使在高度完善的法治社会中，犯罪与欺诈行为也屡见不鲜。为了保护自己的利益，我们也需要掌握谈判的技巧。

　　本书所讲的谈判技巧，即使对语言、文化不同的读者，也能有所帮助。不管对方是谁，我们只需看清其对我方采取何种技巧即可。

作为沟通方法的有效协商技巧

多年来的合作伙伴以想要缩减交易规模为由，要求我们重新审视交易条件。不仅如此，顾客也要求我们拿出能够提高生产效率的方案。可以说，公司与老客户的关系正处在巨大的转折期。

——制铁公司营销主管

由于公司被纳入外资企业旗下，这要求我们在公司里越来越清楚地表达自己的想法。自己的待遇也要通过与公司协商来决定。新形势要求我们提出正当的个人诉求。

——汽车制造企业人事主管

也许是经济不景气的一种反映吧，最近利用花言巧语上门诈骗的商业手段急速增加。我们需要掌握防范狡诈奸商的自卫之策。

——消费者咨询处工作人员

周围的环境正在发生巨大变化，为此，我们不得不面对由此催生的新的经济、社会需求。可以说，上面列举的情况，正是这种现状的生动写照。

如今，支撑经济高速增长的诸多体系已经失效，社会的方方面面都亟须调整结构以适应真正的成熟社会。随之而来的是，社会的各个领域都需要建立适应新环境的结构。

用来构建新关系和保护自己的沟通技巧

随着社会结构的转换，在日常生活与工作场合中，人们与利益相关方的关系也在不断发生变化。其结果就是，人们亟须重新审视与客户之间的交易条件，构建与以往不同的劳资关系。于是，为了与他人构建新的关系，为了保护彼此的利益，双方必须以正当理由展开谈判，由此重新缔结关系。也就是说，我们如今正生活在一个不得不与人谈判的时代，而这种谈判正是摸索新的关系的过程。

同时，成熟社会不仅是高度自由的社会，也是比以往更加充满危机的社会。实际上，近些年各种恶性犯罪与诈骗案件正在逐年增加。可以说，为了防范这些危险，精通谈判技巧也是十分必要的。

从各种意义上来说，我们都需要具备保护自己的意识与技能，而谈判技术正是活在当下的所有人都必须具备的基本技能。

本书的基本立场

不过，无论谈判技巧如何提高，仅凭这一点无法主动构建起理想的双方关系。除此之外，还需要有诚实的态度。也就是说，我们现在所追求的目标只有以坚实的正当理念为基础，谈判才会变得有效。

本书将谈判技巧看作用来构建关系的沟通技巧，同时强调这不是互相争抢蛋糕、你死我活的谈判，而是提高彼此满意度的双向沟通的过程。换言之，本书追求的正是展开不受情绪左右、基于理性与坦诚态度的建设性谈判的技巧。

为什么要开展建设性谈判?

那么，为何我们要开展以提高双方满意度为目标的建设性谈判呢?

这是因为，尽管短期交易当中可能存在例外，但是能够长期维持良好关系，并使彼此利益最大化的谈判形态，除建设性谈判之外再无其他。

我们以卖家与买家的关系为例。如果谈判时一直只让卖家获利，那么，买家肯定会抽身走掉。反过来，如果谈判时只考虑让买家有赚头，那么将来卖家恐怕就得破产。

所以，只有谈判双方都得到好处，才能使合作长久。

建设性谈判的基本步骤

接下来，我们看看建设性谈判的基本步骤。

第一，做好两手准备，在考虑谈判目的的同时，有必要明确谈判破裂时的备用策略。第二，仔细分析并找出己方和对方的强项和弱项。在此过程中，还要思考对方的目的。第三，思考如何提高彼此满意度，并制订客观、标准的替代方案。因为对方的目的和兴趣点尚不明确，所以方案只是一种假设。第四，在实际谈判环节，相互斟酌替代方案，逐步完善。第五，达成双方都满意的协议。

建设性谈判的基本步骤

> （1）明确谈判目的和谈判破裂时的备用策略。
> （2）仔细分析并找出己方与对方的强项和弱项。
> （3）制订提高双方满意度的替代方案。
> （4）通过谈判讨论并完善替代方案。
> （5）选定双方都满意的协议方案。

关注各国通用的谈判技术

提起不同国家之间的谈判，经常有人从跨文化谈判的观点出发提出诸如"欧美人的谈判方式与东方人的谈判方式有何不同"这样的问题。我们确实可以说谈判方式存在文化特征的差异，但无论谈判对象是谁，最重要的依然是看清自己现在的对手采用何种战术前来谈判，并且努力推动这一谈判成为提高双方满意度的建设性谈判。

本书所说的谈判战术不分东西方，且都是经常用到的具有代表性的技巧。不管谈判对象的文化背景如何，都一定能派上用场。

从另一个角度看，如果能同时兼顾对方的文化背景当然是有益处的。只是，倘若一开始就断定"对方来自阿拉伯国家，肯定会向我方漫天要价"或者"对方是美国人，所以应该会一开始就提出没有让步余地的底线"等，则很可能让自己用来看透对方战术的双眼变得模糊，这将十分危险。从原则上来说，看透眼前谈判对手采取何种战术尤为重要。

第 1 章
有效协商的 5 个基础

- 第 1 章将介绍使谈判让彼此最满意所需的 5 种基本技巧。这 5 种基本技巧以理性、诚实和热情为基础。
- 在此不应忘记的是重视理性的态度，即在克制油然而生的负面情绪的同时，冷静地分析己方与对方。只有这样，才能做到诚实与热情，而这是展开建设性谈判的前提。

掌握对手最渴求的目标
认真倾听，了解其真实意图

→ 关键点

- 建设性谈判的基本前提是认真倾听。

- 这是一种分析行为，对于弄清楚对方想要什么、对什么感兴趣非常重要。

- 谈判刚刚开始时，我们往往并不清楚对方的真正目的和兴趣点是什么，而这些信息可以通过认真倾听捕捉到。

仅仅为听而听远远不够

提起谈判，可能很多人认为就是自始至终坚持自己的主张，然而这是一种误解。在建设性谈判当中，其实恰恰相反，最关键的就是认真倾听。

所谓认真倾听，并不是仅仅被动地聆听对方的主张，而是指通过聚精会神地听对方发言，努力去了解对方。如果听得不够仔细，就无法了解其传递的信息，在你思考自己接下来要说点什么的时候，就无法针对对方真正的目的和兴趣点。因此，为了了解对方最想要什么，积极倾听是必不可少的。

了解对方的真实意图

认真倾听，是通过充分了解对方的目的、兴趣点以及价值观，在自己心中将其准确定位的积极过程。对方的真正意图深藏于其表面立场和具体要求背后。为将其找到，我们必须集中精神倾听对方发言，将注意力只集中在了解对方的真实意图上。

把握整体，努力发现问题

认真倾听，还是一个在分层次把握问题的同时接近问题本质的分析过程。对方的发言好比拼图游戏中的几张拼图。我们要善于从这些零碎的信息中把握整体，在此基础上梳理出问题的本质。认真倾听同时也是发现问题的过程。

认真倾听是开展建设性谈判的出发点

如果谈判双方无法准确了解彼此具体要求背后的目的、兴趣点和价值观，那么谈判将无从谈起。很多谈判都是在没有完整而充分地了解彼此利害关系与兴趣点，或是在伴随着误解的情况下进行的。因此，认真倾听堪称建设性谈判的出发点。从一开始就尽可能准确地了解彼此，可以事半功倍。

失败案例

掌握对手最渴求的目标

　　公司职员筱田为了请山田经理批准引进新电脑软件的方案，来到了山田的办公室。山田自称是不妥协的谈判对手，他会如何应对此种情况呢？

筱田： 请您百忙之中抽出宝贵时间，非常感谢。

山田： 哪儿的话，你太客气了。这就是我的工作。欢迎你随时过来。

筱田： 您能这样说我感到非常高兴。是这样的，我今天想跟您说的是我们有必要引进新的电脑软件，这样做可以提高生产效率……

山田： （打断对方）啊，你说的是新电脑软件啊。这个嘛，手头上能够一直有最先进的软件当然再理想不过了。可是筱田，你也是知道的，公司上下目前正在努力压缩经费。咱们事业部也不例外，正面临着年内削减30%经费的压力呢。非常遗憾，新软件的事就免谈了。

筱田：　　　可是，山田经理，您应该也是知道的，咱们的 Windows95
　　　　　　操作系统已非常陈旧，和其他部门同事用的操作系统根
　　　　　　本无法兼容……

山田：　　　（打断对方）人都是看着别人家东西比自己的好。
　　　　　　Windows95 操作系统不是刚刚引进两三年时间吗？
　　　　　　况且不是运转得好好的吗？系统升级必定会出现问
　　　　　　题。不是有这么一句谚语嘛，"没坏的东西不要修"。

筱田：　　　（掩盖不住愤怒）我明白了，您不用说了。我原以为您
　　　　　　能够贴心而认真地听听我的想法。我真傻，竟然还会对
　　　　　　您抱有期待。我感到十分遗憾。

山田：　　　可能你有各种各样的要求，然而公司现在的处境也十
　　　　　　分困难。如果你下次再有什么事情，可以随时过来找
　　　　　　我商量。有意义的沟通、交流我随时热烈欢迎！

问题出在哪里?

最终,山田经理拒绝了筱田关于引进软件的建议。从沟通过程特别是了解对方真实意图的角度来看,我们应该怎样评价山田的表现呢?

✕ 山田打断了对方的发言

山田经理打断了筱田的发言。发言一旦被打断,发言者便会陷入严重的需求无法满足的状态,因为发言者感到自己的主张在表达完毕之前就被强行中断了。

✓ 拥有倾听对方发言的耐心

首先要让对方进行充分发言,这是最低限度应该做到的事情。自己的主张向对方全部表达出来的满足感会提升发言者对倾听者的信任度,这对于顺利推进沟通非常重要。

倾听者除了需要具备充分倾听对方发言的耐心外,沟通还应该努力配合对方,询问"您是怎么想的呢?""关于……您怎么认为?"等等,积极引导对方发言。

√ 试探对方的真实意图

通过全神贯注地倾听对方的主张，我们不仅可以了解对方的表面要求和立场，还可以捕捉到对方发言中没有明说的前提、价值观、目的和兴趣点。这样一来，就有利于提高双方满意度，改善谈判结果的线索也就清晰可见了。

为了试探对方的想法，"您看……怎么样？"型提问方式十分有效。具体来说，比如可以提问"您看提高最低交易量怎么样？""扩大补偿范围，您看怎么样？"很多情况下我们可以从对方的回答中看出其目的和兴趣点的优先顺序。

在前面的对话示例中，山田其实完全可以这样向筱田提问："如果引进了新软件有什么好处呢？"

× 按照自己的想法得出武断的结论

由于打断了对方发言，山田没能充分了解筱田提案的好处，结果以"系统升级需要花钱，肯定会出问题"为由，不留情面地将其否决了。筱田当时应该把有利于削减成本这一好处放在前面讲，但山田没有了解到他的真实意图，结果按照自己的思路得出了武断的结论。

通常来说，人有一种只要得到零碎信息就按照自己的理解进行解释的倾向。因此，出色的谈判者需要具备在得出结论前充分咀嚼对方传递出的信息的忍耐力。

√向对方确认自己的理解是否正确

在谈判当中，随时确认对方的发言主旨十分重要。仔细倾听对方发言，同时注意只要遇到不清楚之处就一定要再问一遍，加以确认，即自己的理解是否正确要请对方检查确认。进行确认时，可以采取诸如"如果我说得不对，请您指出来。我理解您的意思是……""请允许我确认一下，我理解得是否正确"等表达方式。

× 言辞与态度不符

一个人的言辞与其态度不一致的时候，人们往往会选择相信其态度。因此，无论如何罗列华丽的辞藻，如果态度不够诚实，恐怕只会带来相反的效果。

√诚实不可或缺

所谓认真倾听，不仅仅是了解对方主张就够了，还要让对方相信自己已经理解，这一点非常重要。要做到这一点，就不仅要让对方认识到我方已准确接收到其信息，而且还要有感情植入，并且态度诚恳。如果不能让对方感受到这两点，对方就不会认为我方真的了解了他的意图。

成功案例

掌握对手最渴求的目标

筱田： 请您在百忙之中抽出宝贵时间，非常感谢。

山田： 哪儿的话，你太客气了。这就是我的工作。欢迎你随时过来。

筱田： 您能这样说我感到非常高兴。是这样的，我今天想跟您说的是我们有必要引进新的电脑软件。我认为这样做不仅可以提高生产效率，而且对于缩减经费也必不可少。

*一开始就把自己建议的目的和好处清楚地告知对方。努力向对方通俗易懂地说明自己的意图十分重要。

山田： 原来如此，你的意思是，引进新软件后，生产效率会提高，进而使经费得到削减。你能说得再详细点吗？我想你也知道，公司上下都在努力压缩经费，咱们事业部也不例外。我们也顶着年内削减30%经费的压力呢！

*没有打断对方发言，听完以后确认对方所讲内容。然后一边说明公司现状，一边为了试探对方的真实意图，要求其做进一步说明。

筱田： 您应该也知道，咱们部门的 Windows95 操作系统已相
当陈旧，和其他部门同事用的系统根本无法兼容，这
就产生了大量的手工操作，从而造成我们不得不额外
雇人的现状。

山田： 原来如此。你想说的是不是
这么回事：现在的系统对生
产效率造成了不良影响，导
致经费支出增加，对吧？

*表明已理解对方主张，让
对方放心。此时，筱田应该
能够感觉到自己的建议获得
了理解。

筱田： 完全如您所说。

山田： 筱田，你觉得投资新软件能带来多少好处？

筱田： 据我估算，长远来看，能够削减 40% 的人工费。

山田： 40% 吗？这可是一个不小的
比例。你能听听系统部门的
意见，然后给我一个更为准
确的评估吗？

*理解并确认对方主张，在
此基础上建议对方将其变成
实际操作方案。这才是建设
性谈判。

筱田： 当然可以。我会尽早答复您。

谈判技巧补充知识

搞清楚对方隐藏的欲望和诉求

在将谈判作为"提高彼此满意度的过程"加以把握时，熟知对方需求和兴趣点非常重要。通过满足对方隐藏的欲望和诉求，有可能获得对方让步，从而提高我方满意度。

思考诉求的优先顺序

例如，在商务谈判中，即便是商品、价格、数量等表面上一目了然的项目，其背后也应该隐藏着优先顺序。作为卖家，如果其公司口碑是由销售量决定的话，那么我方或许可以通过大量采购争取到打折优惠。如果对方看上去似乎想尽快签订合同，那么通过迅速决策，也许可以争取到对方的让步。也就是说，通过了解对方的目的、兴趣点的优先顺序，我方就可以考虑使双方皆满意的利益组合。这一过程就是建设性谈判。

关注难以发现的目的

　　除了商品、价格、数量等表面一目了然的项目以外，对方肯定有从表面不容易被看出来的欲望。例如，对方一定有诸如"希望避免将来出现麻烦""希望得到上司的认可""想要感受到自己的工作十分重要""希望对方能够喜欢自己""希望别人认为自己正直而诚实""想要行使权力""希望尽快完成任务"等不言明的目的。

　　下面这个故事讲的是纽约一家大型出版社试图收购一家小规模录像带销售公司的并购案例。要维持公司发展，必须充实股东资本，录像带销售公司老板对这一点也十分清楚。然而尽管大型出版社出示了不菲的收购金额，录像带销售公司老板的态度却一直含糊不定。事实上，在谈判进行过程中，收购方才了解到，这位老板一直对将公司所有权全部卖出去存在抵触情绪，也就是不想放弃自己亲手培育起来的公司。为此，大型出版社一方根据投行顾问的建议，提出了如下协议方案：不采取100% 并购，而是让这位老板保留 30% 的股份，同时让其留任社长一职。同时，这位老板一旦出售所持股份，该大型出版社有优先买入权。后来，谈判果然进展得非常顺利。

敏锐的观察力必不可少

看透对方隐藏的目的并非易事。我们需要通过积极运用"您看……怎么样"型提问方式，努力使其背后的兴趣点显现出来。此时，仔细观察对方的性格和其所属组织的特征也十分重要。好的谈判者必须是敏锐的观察者。

以逻辑方式思考
重视逻辑与理性

→关键点

• 在建设性谈判中，逻辑和理性不可或缺。

• 还需要具备约束自己情绪的坚强意志。

• 要达成双方都满意的协议，必须努力运用基于逻辑和理性的客观标准。

谈判中逻辑思考必不可少

要开展建设性的谈判，基于理性的逻辑思考必不可少。只要提出观点，就一定要阐述论据加以支撑，这是逻辑思考的原点。使对方认为我方"阐述的论据准确，观点也可以接受"，这一点非常重要。

双方情绪化地宣泄各自的观点，终将导致无法了解对方的思维过程，使双方灵活思考、皆大欢喜的解决之策变得异常困难。即便对方单方面讲得滔滔不绝，我们也应该在理解对方所讲内容的基础上，努力寻找其观点的依据。这是因为，对方的要求再不合理，那也是对方按照自己的逻辑进行思考之后得出的结论。不管怎样，至少我们自己应该保持提出观点就要冷静阐述论据的姿态。

具备时刻保持冷静的强韧意志力

为了确保自己的思维符合逻辑，我们需要克制自己不做出情绪化的反应。如果对方盛气凌人并且非常情绪化，或者正好相反，采取慢悠悠的牛步战术，我们就要避免本能地做出你一句我一句、以牙还牙的最糟糕的反应。无论如何,这都不是建设性谈判,反而会使谈判无法继续推进,最终破裂。

在客观标准基础上摸索达成协议的方案

只有做到了符合逻辑,才可能设定双方都能接受的客观标准,从而使双方参照这一标准,摸索着达成协议。如果依照随意的、单方面的标准宣泄一方的要求,对方当然不会接受。别说无法达成一致,对方恐怕还会更加坚持自己的主张。在建设性谈判当中,应该努力以事例、先例和类似案例为参考,尽可能采取符合逻辑的客观标准,从而达成对双方都公平的协议。

以逻辑方式思考

　　富田部长来向小池课长询问销售额减少的原因和今后的计划，可是却无法从小池那里得到切中要害的回答。

富田： 小池，情况怎么样？

小池： 嗯，挺忙的，不过勉强过得去。

富田： 我刚收到上个月的销售简报，有点担心啊。从10月开始，销售额就处于下滑趋势，我想听听你对形势的判断。

小池： 是啊，正如您指出的那样，销售额确实有减少趋势（沉默）……

富田： 这个我知道！我问的是，你对现在的情况是怎么看的！

小池： 嗯，那个，其实我也非常担心……不过，这可能只是短期现象。不过话说回来，我也觉得这种情况可能会持续下去。

富田： 你到底在说什么？我怎么听不明白。你认为销售额减少的原因是什么？

小池： 嗯，这个嘛，经济还处于低迷状态，破产企业数量也在增加，再加上失业率也在上升。

富田： 谢谢你的宏观分析！你觉得为什么我们公司的销售额会减少？

小池： 嗯，这个嘛，问题可能出在我们公司产品的价格上。另外，也可能是竞争对手推出新产品造成的。我觉得还与顾客需求发生变化有关。

富田： 我不想听你这些含混不清的解释！你到底有什么建议没有？今后的策略究竟是什么？

小池： 我认为有必要强化销售能力，并且重建销售机制。

富田： 强化销售能力？重建销售机制？我问的是具体该怎么办！你有具体的办法吗？

小池： 您说得对。我这就去办。

富田： 最好是这样，如果你不想失业的话。

问题出在哪里?

　　富田先生没能克制住自己的焦躁。下面我们从逻辑和理性的角度对小池的解释和富田作为上司的言行进行分析。

✕ 没有做出符合逻辑的解释

　　不管理由如何，小池课长对销售额减少没能做出有说服力的解释，这一点在小池的发言当中显而易见。对方需要的是具体的分析和理由，可小池的说明自始至终含糊不清，不够直截了当。

√ 时刻准备着

　　一方面，要事先做好准备，使自己能够做出符合逻辑的说明，这是最低限度的意识。无论多么优秀的谈判者，在毫无准备的情况下都不可能发挥出自己的水平。另一方面，不仅要为自己的说明做好准备，还要事先分析好对方的情况，并在此基础上考虑好对方想要什么、对什么感兴趣，这也十分重要。若能做到知己知彼，那么在谈判中将给自己带来信心和力量，从而在谈判中使己方处于有利地位。因此,"时刻准备着"不光是一句口号,也是谈判者的座右铭。

√ 提出主张就要阐述论据

提出主张就要阐述论据,这是做到符合逻辑的基础。如果只是一味地宣泄各自主张来说服对方,这是绝对不会成功的。论据既要有理论支撑,也要有事例说明,或许有时还需要通过数字和数据来加以证明。

更重要的是,阐述论据要以让听者接受为目标。无论自己认为逻辑的展开多么正确,如果对方不那么认为也是毫无意义的。优秀的谈判者需要具备站在对方立场上审视自己观点逻辑性的态度和意识。

× 没有控制住自己的情绪

另一方面,富田部长也有不妥之处。由于从小池那里无法得到满意的回答,富田逐渐变得焦躁,最后甚至发起火来。

很明显,小池自始至终也没有充分搞清楚销售额减少的原因。那么富田就应该弄清楚为何小池没有掌握销售额减少的原因。仅仅是因为工作怠慢,还是因为没有能力，抑或是因为人手不够？可以说，作为上司，富田未能尽到弄清问题所在的责任。

✓回答之前留出足够的时间间隔

谈判中忌讳快速反应，特别是面对对方情绪化的意见时我们容易采取"以牙还牙"式的反应，这时会使情绪化的舌战愈演愈烈。因此，首先，我们要在回答之前通过深呼吸找回平常心，然后依据逻辑，彻底从大处着眼做出理性反应。人要抑制自己自然而然的情绪并非易事，但这是出色的谈判者必须具备的素质之一。

成功案例　以逻辑方式思考

富田：　　小池，情况怎么样啊？

小池：　　还可以。我刚才也正准备去向您汇报呢。

富田：　　我刚收到上个月的销售简报，有点担心啊。从 10 月
　　　　　开始，销售额就处于下滑趋势，我想听听你对形势的
　　　　　判断。

小池：　　好的。关于这件事，我也正想找
　　　　　您谈谈我的想法，其实我也是刚
　　　　　刚拿到这份数据。

＊发言给人一种已掌握情况
并已做好准备的印象。

富田：　　是吗？那么，你认为问题出在哪里？

小池：　　正如您也知道的那样，我公司经营重点正在由廉价商
　　　　　品向高附加值的高档产品转移。

富田：　　啊，这个我知道。半年前，恰恰是我认可了这种转
　　　　　变。我公司廉价商品相对于低价进口产品已经失去价
　　　　　格竞争力，所以才决定从那一块退出，转而推出高附
　　　　　加值的高档商品。

小池：正如您所说，目前销售额之所以减少，正是我公司决定退出廉价商品生产的结果，因为高档商品在市场上形成气候多少需要一些时间。

*一边肯定对方发言，一边具体告知对方销售额减少的原因。

富田：原来如此。所以公司整体销售额才会减少啊。既然这样，你预测整体销售额会从什么时候开始上扬？

小池：可能就在这一两个月。仔细看这份销售简报可以发现，尽管销售额多少有些下降，可是利润水平仍然维持在同一水平，这正是高档商品利润率高的结果。

*正在向上司提供积极的追加信息，能够让人感觉到有说服力并且值得信赖。

富田：那就太好了。继续努力，好好干！别忘了有新信息随时向我汇报。

小池：我当然得加倍努力，请您放心。

富田：对了，你最后一次加薪是什么时候来着？

谈判技巧补充知识

逻辑金字塔思考法

辅助思考的逻辑金字塔

要做到说话符合逻辑，根本在于要做到有主张，即要阐述论据。将此种基本思维方式固定下来的正是"逻辑金字塔思考法"。这是在管理咨询公司被广泛采用的一种将事物按照不同层级归纳成信息群的思维技术。

其本质十分简单。首先，把最想说的话放在金字塔（实为三角形）的顶点，我们称为"主要信息"。而把用来说明主要信息的论据置于其下，统称为"关键信息"。然后再在其下面放上用来解释"关键信息"的信息，这些叫作"副信息"。具体的逻辑思考指的正是搭建这一逻辑金字塔的思维过程。

自下而上思考法

　　最终的逻辑金字塔的形状如上所述。其搭建方式也就是思考的方法分为"自下而上"和"自上而下"两种。

　　自下而上思考法是从副信息出发得出关键信息，进而筛选出主要信息并提炼出结论的方法。首先，将与主题相关的个人想法和表象列出，即找出副信息。副信息收齐以后，对其按照不同主题加以分类筛选，将这一过程称作"副信息的整合"。接下来要思考每个整合后的信息（结论）。这一过程叫作"通过整合提炼信息"。整合副信息得出的结论就变成了关键信息，进而通过对关键信息进行提炼，得出主要信息。在此需特别注意的是，在对副信息进行整合的时候，最好将其控制在 5 个字以内，如果再多的话，归纳效果将会变差。

自上而下思考法

　　通过自下而上思考法构建逻辑金字塔的做法，在主题不明确时特别有效。然而，却未必能保证副信息中包含了用于导出有条理的主要信息的足够素材。不完整的副信息无论如何进行条分缕析，恐怕也难以得出好的主要信息。自下而上思考法的弊端就在于此。

那么该怎么办呢？答案是活用自上而下思考法。通过自下而上思考法，如果想说的内容作为主要信息大致定下来了的话，接下来为了有力地主张这一主要信息，就要考虑需要什么样的关键信息加以支撑，也就是进行自上而下的思考。除此之外，还要研究必要的关键信息是否也得到了副信息的支撑。而有时候也存在这样一种情况，即无论如何都找不到可以用来支撑主要信息之关键信息的副信息。这时或许就有必要对主要信息本身做出修改。自上而下思考法同时也可称为"假设思考"。

既不重叠也不遗漏地思考

在搭建逻辑金字塔时不可或缺的是既不重叠也不遗漏地进行思考的态度。逻辑金字塔上的各个部分彼此严格区分非常重要，也就是各个部分之间不存在重叠，这是最理想的状态。而且，所有部分中要确保不缺少重要因素，也就是说不能有遗漏，这一点同样很重要。

　　我们要运用自下而上思考法和自上而下思考法，构建既不重叠也不遗漏的逻辑金字塔。希望大家在平时就有意识地进行基于此种金字塔构造的逻辑思考。

准备好B计划自保
保护自己的谈判力

→ 关键点

- 为了保护自己，有必要事先准备好替代方案，以便谈判破裂时使用。
- 有了替代方案也就意味着你拥有了强大的谈判力。
- 你拥有超出自己想象的谈判力。有必要通过列表对自己拥有什么样的谈判力事先有一个清楚的认识。

何谓谈判力？

听到"谈判力"这个词的时候，你的脑海中会浮现出什么形象呢？大企业运用其财力和政治上的门路，要求居民从准备建设工厂的土地上搬走；大国以其经济实力和军事实力为后盾，逼迫小国接受不平等的贸易协议；狡诈的房东通过律师将用来证明其可以不返还押金的信件邮寄给租户。想必会有很多人想到诸如上面的情形。

人们往往容易将经济的、军事的、心理上的压力与谈判力联系在一起，一旦如此局限地看待谈判力，就会将对手想象得无比强大，从而容易因无法承受其压力而接受于己不利的协议方案。然而，真正的谈判力并不是指来自各方面的压力，而是在于其他方面。

真正的谈判力由谈判破裂时有何种替代方案决定

如果有了替代方案，以便现在正在进行的谈判破裂之时使用，那么即使谈判真的破裂了，损失也可以降到最小，更为重要的是，可以使你充满自信地走上谈判桌。所以，手中握有"备用策略"才意味着拥有强大的谈判力。

如果谈判破裂以后的替代方案比现用的协议方案还要好的话，谈判破裂就是一件好事。例如，原本可以从多家供应商采购的买家即使与某家供应商谈判破裂了，只要从别的供应商那里进货就可以了。反之，如果谈判破裂以后的替代方案非常不利，那恐怕无论如何双方也要达成某种共识了。

检验自己的谈判力

下面，让我们从几个方面对谈判力进行观察。如果把谈判力看作"对对方的行动施加影响的能力"，那么除了谈判破裂时的替代方案之外，决定谈判力高低的因素还有很多，比如拥有更多知识，时间充足或者受到制约，有承担风险的准备，擅长谈判的技能，有正当的论据等。

关键在于，要事先逐条列出并充分认识到自己现在拥有什么样的谈判力，并且事先对对方的谈判力进行认真思考，仔细分析。一边用自己的谈判力保护自己，一边努力达成更好的协议方案，这才是谈判的基础。

失败案例

准备好 B 计划自保

前中层管理人员臼井先生很不幸地成为公司裁员的牺牲品，现在正在参加工作面试。经济不景气时的面试总会让求职者感到自己处于弱势地位。臼井是否认识到了自己的谈判力并充分活用了这种能力呢？

面试官： 您好！我看了您的简历。今天请允许我借此机会向您提几个问题。

臼井： 请多关照。不过我不知道能否回答好您提的所有问题，但我会努力。

面试官： 您从大学毕业以后，好像换了 4 次工作，而且还都是不同的工作领域，并担当不同的角色。这是为什么呢？还有，您的专业领域究竟是什么？

臼井： 是啊，可能是因为我想尝试各种工作的缘故吧。事实上我实现了自己的想法。可是，我还真没有称得上专业领域的东西，可以说我是在各种各样的地方，体验了各种各样的经历。

面试官： 是吗，原来如此。对了，您参加其他公司的面试了吗？如果参加了的话，有没有公司已经确定录用您了呢？

臼井： 其实我已经面试了几家公司，不过还没有公司确定最后录用我……

面试官： 是吗？我想请问一下，您为什么会对我们公司感兴趣呢？

臼井： 嗯，那个，贵公司是大企业，并且在业界确立了稳固的地位。因为现在经济不景气嘛。

面试官： 您说的也是。现在您 35 岁，比如说，您觉得 5 年以后自己应该在做些什么呢？

臼井： 5 年以后吗？这个我还真没怎么考虑过。是啊，那时候我应该是在大企业工作，或者说不定正在开自己的公司。5 年以后的事情还真不好说……

面试官： 您说得或许也有道理。今天感谢您抽空参加我们的面试。结果我们会另行通知。

臼井： 我才应该对您表示感谢。请您多多关照。

问题出在哪里?

很遗憾,臼井先生和面试官之间的交谈显得缺乏积极性。此次面试,问题出在了哪里呢?让我们从谈判力这一角度做具体分析。

✕ 没有充分了解并确认自己拥有的优势

臼井先生拥有从事多种商务实践的经验,所以他其实应该事先做好准备,以确保自己能够清晰明快地对自身经历进行说明。如果没有充分认识到自己的优势和劣势,那和它们根本不存在没什么两样。它们将无法成为你在各种不同环境下加以运用的智慧。

√ 事先考虑好自己的优势

我们需要事先想好并整理好自己拥有什么样的谈判力。这时如果运用"SWOT"分析法将会十分有效。"SWOT" 是 "strength, weakness, opportunity, threat"的首字母,意即"优势,劣势,机会,威胁"。首先,要具体弄清楚自己在谈判上的优势和劣势以及谈判环境中存在的机会(顺境)和威胁(逆境)。同样,接下来要分析对方的"SWOT"。这样一来，经过系统思考，你应该就可以发现自己原来没有意识到的谈判力。

× 没有将谈判破裂时的替代方案作为谈判力充分利用

臼井先生回答的是"我已经面试了几家公司，不过还没有公司确定最后录用我"。其他公司面试的结果还没有出来，所以应该没有必要从现在就开始悲观。既然现在已经进入面试，这就意味着企业方面对面试者是感兴趣的。如果臼井先生能够用积极的表达方式回答对方的提问，比如说"截至目前，面试的公司当中有几家似乎对我丰富的工作经验表现出浓厚兴趣"，那么就可以将谈判破裂时的替代方案即"到其他公司就职也是有可能的"作为自己的谈判力加以活用。当然了，我并不鼓励虚张声势。

√ 深思熟虑谈判破裂时的替代方案

谈判破裂时的替代方案可以成为强大谈判力的源泉，所以，首先就应该想好什么是自己的替代方案。这样一来，就能明白可以在多大程度上规避谈判破裂的风险，或者是否必须立即与对方达成某种共识。另外，在思考谈判破裂时的替代方案时，要尽可能具体。

√ 谈判力的源泉多数情况下为心理因素

只要认定自己有谈判力，就可以积极地投入谈判，因此可以不畏惧困难，取得好的结果。反之，如果认为自己没有谈判力，那么无论如何都会变得消极，要么容易做出不必要的让步，要么会达成于己不利的协议。但这并不是说随便地在心中默念"我是有谈判力的"就能够相信自己有谈判力。只有做了扎实的准备，明确谈判破裂时的替代方案，同时做好"SWOT"分析，才能够自然而然地充满自信，这种自信才能成为你的谈判力。

✕ 把面试当成单方面的审讯

臼井先生说"不过我不知道能否回答好您提的所有问题，但我会努力"的时候，完全是一副被动的姿态。这可不是谦虚，而是暴露了自己的不自信。求职面试并不是单方面的审讯，而是彼此交换信息的双向沟通，臼井先生没有认识到这一点。

√面试是互相获取信息的过程

企业想招到好的人才，而求职者则希望在有魅力的单位工作，双方各有各的目的。所以，我们应该将面试看成双方积极地进行信息交流的谈判过程。在不失礼的前提下，求职方应努力主动获取公司的信息。这种积极性能体现求职者对该公司的高度关注，能够获得用人单位的高度肯定。

成功案例

准备好 B 计划自保

面试官： 您好！我看了您的简历。今天请允许我借此机会向您提几个问题。

臼井： 当然可以。我也希望能够多了解一些有关贵公司的知识。

> * 在表现出自信的同时，将面试积极地看作收集信息的机会。

面试官： 您从大学毕业以后，好像换了 4 次工作，而且还都是不同的工作领域，且担当不同的角色。这是为什么呢？还有，您的专业领域究竟是什么？

臼井： 很高兴您注意到了这一点。事实上，自己的职业生涯应该由自己搭建，这是我的信条。所以我决定在职业生涯的初期阶段积累尽可能多的经验。正如简历上显示的那样，我在市场营销、策划、会计还有财务领域积累了相当丰富的经验。或许可以说，我的专业就是在早期阶段不将自己局限于某一专业。

> * 不负面看待自己的跳槽经历，而是把多样的经历看成宝贵的资产。可以说，这是事先对自己的谈判力进行了充分思考的结果。

面试官： 的确如此（笑）。您真风趣。请问，您参加过别的公司的面试吗？如果参加了的话，是否已经有公司确定要录取您了呢？

臼井： 是的。我与几家公司进行了面谈，有几家公司对我的经历非常感兴趣。大家都觉得，作为管理人员，必须拥有宽广的视野。现在我正在等待被录用的通知，不过我对作为业界领袖的贵公司最感兴趣，贵公司是我就职意愿的首选。

> * 巧妙地提到与其他公司面试的情况，这就是谈判破裂时的替代方案，并正在将其作为谈判力加以应用。

面试官： 承蒙您如此高度评价本公司，非常感谢！您今年 35 岁，您认为 5 年以后自己在从事何种工作呢？

臼井： 我希望 5 年以后自己已经是市场营销管理人员。如果可能的话，希望是在贵公司担任该职务。我认为现在正是在特定领域确定自己专业的时期。对我而言正是市场营销这一领域。这在贵公司有可能实现吗？

> * 正在巧妙地收集信息。对方应该能够感觉到他在具体而认真地思考职业生涯。

面试官： 我认为有可能。因为本公司 40 岁到 45 岁之间的管理职位很多。非常感谢您参加我公司面试。我们会在近期与您联系。

臼井： 非常感谢！期待贵公司跟我联系。

谈判技巧补充知识

立即决策的危险性与忍耐力

谈判不是乒乓球比赛

"对方如果这么说，我就这么应对。对方这么出招，我就这样回复。速战速决，就这么办。"——你是不是正在把谈判看成必须马上得出结果的乒乓球比赛呢？"欲速则不达"这句格言也非常适用于谈判场合。在谈判中能够理解立即决策（quick deal）的危险性和忍耐的美德非常重要。

立即决策的陷阱

在重要谈判当中，最忌讳立即做出决策。不花充足的时间就做出决定，风险颇高。因为一旦做出了错误的决策，后果将不堪设想。

立即决策无法充分对信息进行评估，公司内部沟通也很困难，提高双方满意度的替代方案无法得到充分研究，谈判的整体情况无法把握，单纯的计算容易出错，重要的事项也容易漏掉。

总之，要对事物进行深思熟虑，就必定需要花费时间。

作为谈判战术的"忍耐力"

"忍耐力"堪称最高级别的谈判战术。这是因为，只有有了忍耐力，才能够了解彼此的方针、主张、兴趣点、目的，思考令双方更满意的方案，从而才能够达成彼此接受的协议。与人际关系、国际关系一样，忍耐力是谈判中必不可少的要素。归根结底，忍耐力是谈判者需要具备的素质之一。

组织上的支持也很重要

那么，要培养忍耐力，我们该怎样做呢？

忍耐力，是一种个人素质。不过，每个人的忍耐力同时在很大程度上由其上司，进一步来说是由其所属组织决定的。无论谈判者多么耐心地投入谈判，如果上司逼着他立即做出决策，那么谈判者的忍耐就将变得毫无意义。所以，有必要有组织地培养忍耐力，特别是想办法让那些等待谈判结果的人不抱有短时间内可以得出结论的期待，这一点最关键。

多方谈判中忍耐力才是成功的关键

两方谈判自不待言，在多方谈判时，忍耐力的重要性更为凸显。

我曾作为谈判成员之一参加了某个大型项目的财务谈判。我所属的团队担任中东某产油国一方的财务顾问。我们的任务是与由日本多家综合商社和城市银行组成的融资团围绕液化天然气项目融资计划进行谈判，并促使谈判成功。资料很多，并且城市银行也可能不习惯于项目融资，决策也称不上迅速。而且，由于还要与通商产业省进行谈判，所以谈判进度大幅落后于原计划。我们一边要安抚开始焦躁的产油国一方，一边与融资团谈判。结果是，尽管晚于原计划，但最后双方终于达成协议，项目取得了成功。

　　如果有人问我这次谈判成功的关键是什么，我肯定会毫不犹豫地回答，靠的就是忍耐力。我从来没有像这次这样感受到谈判过程中忍耐力的重要性。

期望要符合实际
目标设定与让步的方法

→ 关键点

· 任何谈判当中都应该设定目标（期望）。

· 谈判结果由目标设定在哪个水平决定。这是由于，
  只有通过与设定好的目标进行比较，才能做出
  评估。

· 通过巧妙让步，可以无限接近目标（期望）与谈
  判结果。

谈判开始时设定目标值

例如，想出售自己的房子，想就电脑价格讨价还价，职业体育选手与球队进行年薪谈判。无论什么样的谈判，一开始都有期待的结果，也就是"目标"。它可能是明确的数值，也可能只是一种模糊的感觉。总之，在谈判开始之际就应该设定目标。

在谈判中，首先有必要明确己方的目标。例如卖家想卖得尽可能贵一些，买家则想买得便宜些，这是很自然的事情。不过，如果此时设定了严重脱离实际的目标，就可能出现不被对方理睬的风险。所以，对现实行情的认识也很重要。

把目标（期望）置于何处左右着对谈判的评估

如何设置目标（期望）左右着对谈判本身的评估。这是因为，谈判结果的好与坏需要通过与目标进行比较来评估。如果结果好于目标，则谈判将获得高度肯定。反之，结果比目标糟糕的话，谈判就会受到差评。

然而，令人纠结的是，很多情况下，合适的目标应该是什么，即使谈判结束了人们也不清楚。例如，即便是觉得进展顺利的谈判，想要消除"莫非目标设定得太低了？"的想法还是相当困难的。反过来说，认为失败了的谈判也有可能仅仅是目标设定得太高了，而事实上或许是非常有利的结果。

通过巧妙让步接近谈判目标

这样想的话，我们可以说，结果刚好达到预设目标的谈判才是好的谈判。要想得到对谈判的良好评价，必须努力设定合适的目标，在此基础上通过巧妙的让步，尽可能接近谈判目标。为此，我们可以考虑将目标设定得高一些，然后一边看对方反应，一边一点一点做出让步。

失败案例

期望也要符合实际

广告代理商业务人员木村正在向广告主——软饮生产企业的市场营销部长嘉纳先生提议下一期的产品宣传计划。

木村： 根据您此前提出的要求，我们策划了明年的广告计划。为了更为有效地向目标受众推介商品，我们补充了几家纸质媒体。我们在迄今为止的电视广告基础上进行了扩展。这是策划案。

嘉纳： （边看策划案）确实如此。新增了 3 家杂志社啊。合作策划案也包含了普通的广告。我很满意，这个方案真不错。

木村： 很高兴我们的策划案能够得到您的认可。为了制作这个策划案我们付出了很多。杂志等纸质媒体比电视媒体锁定的目标群体更为明确。所以，对于不同购买群体发送具体的广告信息会成为可能。

嘉纳： 你说得很对。我觉得这个方案做得非常好。那么，这个广告计划能够按照和本期一样的预算加以实施吗？

木村： 您说的是同等水平吗？这个恐怕不行。按照这个新策划案，预算至少要翻倍。话说回来，贵公司是我们公司的忠实客户，所以我们认为，下一期预算只要增加50%就可以，您看怎么样？有困难吗？

嘉纳： 我不得不说很困难。这年头，不管是什么策划案，预算竟然要增加50%，这在董事会上是绝对通不过的。不过，正如刚才所说，我对你们的策划方案非常满意。我觉得你们的方案比其他广告代理商好得多。

木村： 别的公司吗？……这样啊，那么增加30%您看如何？

嘉纳： 若是增加15%的话还勉强可以考虑。恐怕这是最好的办法了。

木村： 是吗……既然您说那样最好，恐怕也只能按照这个预算去做了。

嘉纳： 太好了！明年这个方案肯定会非常出彩！

木村： （沉默）……

问题出在哪里?

感觉广告代理商的业务人员木村对客户嘉纳的要求一个接一个地屈服了。下面让我们从目标设定和让步的方法来分析一下。

✕ 设定了不切实际的目标

设定的目标过高，有可能导致对方不予理睬，所以提出不现实的报价是值得商榷的。"预算至少要翻倍。话说回来，贵公司是我们公司的忠实客户，所以我们认为，下一期预算只要增加 50% 就可以"的说法，很难说是一种现实的要求。

✓ 目标设定得稍高一点有利于带来好结果

一般来说，目标设定得稍微高一点，有利于带来好结果。这是由于，很多情况下，如果目标定得适当高一些，当事人对于"应该可以达到这一水平"的信心也相应增强，从而会使人更加努力奋斗。相反，目标太低的话，很多情况下信心也会相应减弱，从而更容易向对方让步。目标设定得稍微高一点是诀窍。

√目标过高过低都不好

一方面，目标一旦轻松达到，会被认为目标原本设定得过低，成就感会打折扣。另一方面，目标一旦设定得过高，又会使失败的情绪表露出来。如前所述，通常可以说目标稍微设定得高一些有利于带来好的谈判结果，不过目标过高过低都不好。在努力范围之内总会有踮起脚就有望达成的目标是最合适的。

√好的目标有利于吸引当事人的参与

还有，谈判者自身也应参与目标的设定。如果是他人设定的目标，并且谈判者自己都觉得这个目标没法实现，那么谈判者将无法产生继续谈下去的顽强意志，最终恐怕也不会取得好的结果。

×没有准备替代方案

木村只带来了一个广告方案。当方案只有一个的时候，就很可能陷入要么好要么坏的孤注一掷的决策。即使这一方案很幸运地被对方接受，也容易陷入仅限于价格的讨论，若想将谈判范围扩展到其他方面恐怕会极为困难。

√ 务必要考虑替代方案

谈判的过程同时也是解决问题的过程。在这个过程中不管己方是否准备做出让步，都一定要事先考虑好替代方案。认为提高彼此满意度的手段只有一个的想法是不现实的，那样会被对方认为准备不够充分，还有可能会被对方怀疑不具备分析能力。

× 过于简单地做出了让步

卖家说"其实需要花费两倍，不过我们只给您增加五成"的话，买家可能会想"本来真的需要花费两倍吗？""一开始就给我便宜五成的话，那岂不是还能给我更大的折扣？"等等，从而期待更大的让步。为了表达己方的诚意也不应该轻而易举做出让步，最好多少也要展现出坚持的一面。

√ 让步要缓慢并且有所节制

如上所述，为了接近谈判目标，应该稍微把目标设定得高一些，然后一边看对方反应，一边巧妙做出让步。也就是说，要根据需要，一点一点地、缓慢地做出让步。但并不是说此时要屈服于对方的压力，而应以客观标准或原则为基础做出让步。如果已做出让步，一定要努力争取从对方那里获得同样的让步。还要注意不应该从一开始就做出大的让步，因为那样可能让对方抱有不现实的期待。当然，就算让步了，如果接受了低于谈判破裂时的替代方案的要求的话，谈判也就失去了意义。

成功案例 期望要符合实际

木村： 根据您此前提出的要求，我们构思了3份明年的宣传计划。为了更为有效地向目标受众推介商品，我们增加了几家纸质媒体。这是在迄今为止的电视广告基础上进行的扩展。这就是第一方案。这个方案在今天我们给您拿来的方案中内容最为丰富。

> *通过告知对方准备了3个替代方案，给对方留下准备充分的印象。

嘉纳： （边看策划案）确实如此。新增了3家杂志社。合作策划案也包含了普通的广告。我很满意，这个方案真不错。

木村： 很高兴我们的策划案能够得到您的认可。为了制作这个策划案我们付出了很多辛苦。杂志等纸质媒体比电视媒体锁定的目标群体更为明确，所以，对于向不同购买群体发送具体广告信息会成为可能。

嘉纳: 你说得很对。我觉得这个方案做得非常好。那么，这个广告计划能够按照和本期一样的预算加以实施吗？

木村: 您说的是同等水平吗？这个恐怕不行。按照这个新策划案，明年的广告预算至少需要增加 40%。

*尽管说得高一些，但以低姿态、态度坚决地向对方提出了并未脱离实际的涨价比例。

嘉纳: 果然还是要增加预算啊。这年头，无论什么策划方案，只要销售额和利润不提高的话，增加 40% 预算在董事会上得到认可可是极其困难的。不过，正如我刚才所说，我对策划案内容非常满意。我觉得你们的方案比其他广告代理商好得多。

木村: 我们根据同样的概念制作了替代方案。这一方案通过适当减少迄今为止的电视广告，将预算增幅控制在了 30%。我觉得对于贵公司来说十分划算，您看怎么样？

*不是简单让步，而是向对方提供替代方案。正是因为准备充分，所以才有可能。

嘉纳: 我明白了。就向董事会提交这个方案试试吧。我想这个策划案应该可以说服董事会。

木村: 是吗？那就让您多费心了。您说服董事会的过程中，如果还需要提供什么追加信息，请您随时吩咐，不必客气。

谈判技巧补充知识

用"倘若……如何？"提问方式获取信息

　　本书将建设性谈判看作用来提高双方满意度的过程。这个过程不拘泥于具体要求和立场，而是旨在思考满足彼此利害的创造性的方案。为此，不要一味觉得"非此方案不可"，而是有必要创造出尽可能多的替代方案。

活用"倘若……如何？"型提问方式，做大蛋糕

　　应该活用"倘若……如何？"型提问方式。这种提问无论对于弄清楚对方的诉求还是促进创造性思考都大有裨益。由于这种提问非常具体，所以对方回答起来也非常容易。由此双方可以共享信息，不会出现双方争抢一块蛋糕的情况，而是创造性地做大蛋糕。

　　下面列举几个设定了买家的具体的"倘若……如

何？"型提问示例。

- 倘若我们将产品规格由 A 改成 B，您看如何？
- 倘若我们订货数量翻倍，您看如何？
- 倘若我们同意不带保证书，您看如何？
- 倘若不只是 X 产品，我们一起买入 X 和 Y 产品，您看如何？
- 倘若不是 60 天以后付款，而是交货时现金支付，您看如何？

这些都是非常具体和易懂的问题。只要对对方回答这些问题的答案进行仔细分析，那么对方的风险偏好、谈判项目优先顺序以及什么地方有灵活处理的余地等就一目了然了。在获取对方信息的同时，你并非实际参与提案，而是在摸索方案。

要注意来自对方的"倘若……如何？"型提问

如前所述，"倘若……如何？"型提问是开展建设性谈判过程中必不可少的工具。然而，这里必须注意的是，"倘若……如何？"型提问也可能被错误使用。

　　有时奸诈谈判战术采用这种提问方式，是为了让对方阵脚大乱。通过连珠炮式地向对方进行"倘若……如何？"型提问，不给对方足够的考虑时间，逼着对方马上做出决策。此时，应该坚决避免立即决策，而应该争取足够的时间。

　　对于"倘若……如何？"型提问，用"……怎么样？"型回答作为对抗提案，把问题甩给对方的做法非常有效。例如，对于对方"倘若增加最低交易量，您看如何？"的提问，反戈一击问道："1 200 千克怎么样？这样的话可以削减 50% 送货成本。"

沉默不是金

→关键点

- 只要掌握了合适的技术和战术，就能成为谈判高手。
- 但是不能保证谈判一定有效果且富有建设性。
- 开展有效的谈判，需要坚定地向对方表达观点。

仅仅掌握工具和战术就行了吗?

在学习谈判技术时,有一种十分常见的倾向,那就是只在学习掌握便捷工具和战术上下功夫。仔细想想,这种倾向不仅存在于谈判之中。比如以英语学习为例,人们很容易把精力仅仅集中用于词汇量和语法的学习。我们绝不是说掌握便捷的工具和战术没有意义,掌握这些非常重要。不过,对于进行卓有成效的谈判,仅凭这些是不够的。

仅凭工具和战术无法进行建设性谈判

即使知道很多英语单词,并且掌握了很多地道的语法,也没法保证一定能够用有效的英语开展有效的交流。与此相同,仅仅掌握了工具和战术,也未必就能确保谈判富有成效。跟学语言一样,工具和战术终究只是手段。如果没有想要达到目的的坚定意志,手段恐怕也不会充分发挥效用。

开展有效的谈判，需要坚定地向对方表达观点

开展有效的谈判，需要坚定地将自己的信息传达给对方。这不仅适用于谈判，更适用于所有沟通和交流。"我应该传达给对方重要信息""我的信息值得对方认真倾听""我有提出主张的权利"等。让我们意志坚定地走向谈判桌吧！

失败案例

沉默不是金

结束了在美国为期一周的休假后，久雄到达约翰·F. 肯尼迪机场。没想到在这里被告知他要乘坐的那趟回日本的航班取消了。

久雄： 你好，我已预约了前往成田机场的 609 次航班，这是机票。请为我办理登机手续。

服务人员： 好的。您乘坐的是前往成田的 609 次航班。十分抱歉，由于技术原因，这个航班今天取消了。那边的屏幕上也有显示，您看，"609 次航班已取消"。

久雄： 咦？怎么可能?! 两天前我进行预约确认的时候还没有任何变化呢。竟然会取消，到底是怎么回事？你说说，飞机究竟怎么了？

服务人员： 刚才已向您做过说明，609 次航班因为发生了技术故障，已经停止运行。机身发现了裂痕，此外，驾驶舱上的挡风玻璃也需要更换。您的机票依然有效，可以乘坐后天前往同一目的地的 103 次航班。

久雄： 你说后天?! 岂有此理! 我今天必须出发回日本，否则会非常难办。明天我不去上班麻烦可就大了，因为后天要参加一个非常重要的会议!

服务人员： 您的心情我们非常理解。可是，我们的首要任务是确保乘客安全。我想这一点您一定能够理解。我们是绝对不会让存在缺陷的飞机起飞的。您说是不是?

久雄： 当然了，你说得没错。这一点我能理解。可是我该住在哪里呢? 该怎么和上司说呢?

服务人员： 我们可以为您介绍附近的宾馆。您这两天的滞留费用由我们负担。您看这样可以吗?

久雄： 啊? 这么一来，恐怕只能等下去了。

服务人员： 这是前往宾馆的地图和两天的打折券。祝您度过愉快的一天。有请下一位。

问题出在哪里?

　　非常遗憾，久雄先生没能打开局面。真不知道他接下来该怎么办，实在令人同情。那么，这次谈判需要改善的地方有哪些呢?

× 精力都用在了确认无法改变的事实上

　　久雄先生提了一些诸如"预约确认的时候还没有任何变化呢"和"飞机究竟怎么了"之类的问题。他提出问题值得肯定，然而，提这些问题都无助于解决问题。他只是一味地对飞机不起飞这一情况进行确认，所以当然无助于问题的解决。

√ 提出有助于解决问题的主张

　　前面说过应该坚定地表达意愿，并不是指对任何事情都提出强硬主张，而是要使谈判有利于提高彼此满意度，即有助于解决问题。用上面的例子来说，就是久雄先生不应专注于确认无法改变的事实，而应在寻找其他航班这一方向上展开谈判。而这一谈判方向与久雄先生希望顺利回国赶上开会的重要目标以及航空公司有义务提供可信赖的交通手段这一企业使命都是吻合的。

× 注意力都放在了损失管控上

在问题得到确认以后，久雄想的是"今后两天时间应该住在哪儿""该如何向上司解释"等，他的注意力完全转移到了损失管控上，即如何使自己脱身这个问题上。

√ 不能陷入思考停滞的状态

未曾预料的事情突然发生，并且其影响越大，人就越容易被事态的严重性压倒，从而有陷入思考停滞的风险。久雄被出乎意料的事件深深地打击，思考停滞，根本没有想到尝试是否可以规避损失。他原本应该保持冷静，通过继续思考，寻找规避损失的可能性。"不能陷入思考停滞"是危机管理的铁律之一。

× 不做规避损失的努力反而早早放弃

久雄先生不仅忘记了应该努力尝试寻找其他航班，努力规避损失，而且还轻率地做出了等待两天以后的航班的决定，在损失管控这一点上，他没有充分提出自己的正当主张和要求。

√谈判场上，沉默是"禁"

有效的谈判不会自然而然地发生。在谈判场上，沉默不是"金"，而是"禁"。它要求我们必须积极地向对方表明自己的意愿。这时无论如何也要让对方理解自己想要说的内容。还有，强烈的表达意愿也有助于让人避免轻易做出妥协让步。

√表达的意愿根源在于自尊心

表达的意愿根源在于自尊心。所谓自尊心，指的是对于自己能力的信任和认可自己存在价值的信念。自尊心弱的话，就会否定自己，认为"这个道理不是我这种人能讲的""这个道理不是我这种人能问的"。

√正当的主张是有价值的

有了"正当主张"这一前提，强烈的表达意愿才能产生。你是否也有过一开始就断定"这种事说了或许也没有意义""说了这个有可能会惹人讨厌"，最终就没有发言的经历呢？提问题也是一样。我们难道没有过"提这种问题别人会怎么想呢""还是算了吧"，然后就放弃提问的情形吗？希望大家今后能够积极提出正当的主张。

成功案例

沉默不是金

久雄：　你好，我已预约了前往成田机场的 609 次航班，这是机票。请为我办理登机手续。

服务人员：　好的。您乘坐的是前往成田的 609 次航班。十分抱歉，由于技术原因，这个航班今天取消了。那边的屏幕上也有显示，您看，"609 次航班已取消"。

久雄：　啊？是出发推迟了还是航班完全取消了？

* 正在仔细确认情况，冷静地确认现状十分重要。

服务人员：　是航班本身取消了。您的机票依然有效，可以乘坐后天前往同一目的地的 103 次航班。

久雄：　你说后天?！绝对不行。后天我在东京有非常非常重要的会议。绝不可能后天出发。

* 通过斩钉截铁地告知"绝不可能后天出发"，向对方传达自己的坚定意志。

服务人员：　您的心情我们十分理解。可是，我们首要的是确保乘客的安全。这一点相信您能够理解。

久雄： 谢谢您的理解。可是，仅凭您的理解我无法到达目的地。我期待贵公司今天或者最晚明天有出发前往成田机场的其他航班。请你查一下其他航班的预约情况。

> *明确做出规避损失的指示，正在请对方采取行动。对方应该很难说"不愿意"。

服务人员： 您稍等。这段时间非常繁忙，所以非常抱歉，直达航班还是没有空座位。

久雄： 没必要非得是直达航班。比如经停韩国首尔的航班有吗？或者经停附近城市的航班，转机都可以。

> *没有放弃，而是反击称"不是直达航班也没关系"。灵活思考，扩大选项，这才是优秀的谈判员。

服务人员： 好的……啊，找到了！明天上午 10 点出发，前往首尔的 808 次航班有空座位。在首尔换乘 324 次航班的话，您应该赶得上开会。

久雄： 太好了！我想确认这次改签不会发生追加费用。另外，请给我今晚宾馆住宿费和餐费的打折券。对了，我还需要向东京说明行程变更的电话费打折券。差点忘了，请给我前往宾馆的打车费打折券。

服务人员： 好的，明白了。请您收好。

久雄： 谢谢！祝你度过愉快的一天！

谈判技巧补充知识

尽可能与高层领导进行谈判

和高层领导谈判有助于达成有利的协议

我们未必总是可以选择谈判对手。但是，如果可能的话，应该尽可能与拥有更高权限的人，也就是高层领导直接进行谈判。通常来说，和权限更高的人谈判可使达成对我方有利协议的可能性更高。

高层领导的职务对我方的有利条件

首先，很多情况下，越是一个组织的高层领导，对于详细的事实越不清楚。即使听取了部下的汇报，他在忙得不可开交的情况下，充分理解所有细节也是非常困难的。所以，如果尝试直接与其进行谈判，对我方更有利。其次，职位高也就意味着拥有更大的权限，能够让步的幅度也就更大，如果进展顺利，更可能达成有利协议。再次，越是高层领导，一般来说越可能正面对各种各样复杂的问题，所以他们不太希望被多余的、小的事情占用太多时间。也就是说，他希望尽快把事情搞定。如果顺利，仅凭这一点也可能有利于其当场接受我方的要求。

自负心和政治考量也会发挥作用

与拥有更高权限的人谈判的好处不只以上所说。事情到了高层领导手上，也就意味着与部下进行沟通的谈判走进了死胡同。所以，高层领导的心理是"好的，轮到我出场了。我给你们示范一下该如何解决问题"，其自负心开始发挥作用。另外，位高权重的人还有不把事情闹大、希望在政治层面稳妥解决的考量。

已验证完毕

我曾经做过这样一个实验。一家著名的快餐连锁店在店内实施咖啡续杯的服务。我点的是带走的咖啡，所以我估计自己无法享受这项服务。为此，我进行了谈判实验。我拜托店员说："这种咖啡可以享受续杯的服务，我给你一杯的价钱，请你给我两杯咖啡。"由于工作指南上根本没有提及这种情况，所以店员不知该如何应对，十分为难。

这时，我提出让他把店长叫来。接下来，我开始了与这位高层领导的直接谈判。我尝试着说了一番很有道理但又让人出乎意料的话。我是这么说的："打包带走咖啡的顾客也是尊贵的顾客。不，如果非说不可的话，他们是既不占用店内座位又支付同等价格的优良顾客。所以，他们当然应该享受与在店内饮用咖啡的顾客同样的服务。"于是，店长向我提出了替代方案——"一杯请您在店内饮用，另一杯您带走如何？"我对他的机智提议非常满意，随后按他说的享受了服务。我肯定很惹这位店长讨厌。实在对不起。

禁止滥用

当然，尽可能与高层领导进行谈判的战术也不能滥

用，最终还是要尊重一开始的谈判负责人。对方在组织
内部也有他的面子。不过，如果从建设性的谈判观点来
看，这位谈判负责人非常缺少诚意或者不讲道理的话，
我认为那就应该与其上级领导直接谈判。

第 2 章
实践！8 种协商技术——对抗恶意攻击战术

- 第 2 章将介绍实际谈判中的常用战术，并介绍对方对我方使用该战术时如何使其朝着建设性谈判的方向发展。
- 实际谈判中大部分用的都是这里列举的技巧，或是这些技巧的组合。
- 只要事先充分了解了这些技巧，就能够轻易看清对方的战术，引导谈判形势朝着最大限度地让彼此满意的建设性谈判的方向发展。

以最后通牒逼迫对方决策之战术

不喜欢，就拉倒

→关键点

- 所谓利用最后通牒逼迫对方做出决策的战术，指的是出示"固定价格"，用"不喜欢您就别买"来逼迫对方做出决策的战术。
- 其缺点是做得太过分有导致谈判破裂的危险。
- 对抗此种战术，只需将谈判范围扩大到对方无法让步的项目以外就可以了。

利用"固定价格"逼迫对方做出决策

大家或许知道，除了电费、电话费、乘车费以外，大多数零售行业都采用固定价格。例如，大家在超市不会与对方谈判，要求对方把 138 日元的低脂牛奶便宜到 100 日元吧。

通常来说，固定价格中包含着"请按此价格购买，如果您不愿意，可以不买"的意思。也就是说，这是一种将"没有谈判余地"的信息摆在明面上的战术。

既能成为防波堤又能成为炸弹的微妙战术

如上所述，在零售阶段将牛奶和口香糖等小额大众消费商品用固定价格销售是非常合理的。这是因为，一方面，如果在小的交易上逐个进行谈判的话，销售方将必须在店里安排几倍人数的销售人员，销售管理费大幅增加，最后将导致生意做不下去。另一方面，在非零售情况下固定价格也有其效用。例如，对一个顾客的降价推及所有顾客的时候，或者是非常接近成本价的时候。

不过，如果在大宗商品谈判的初期阶段，卖家就通过超出买家预期的高价销售，强势提出"不喜欢您就别买"的话，难得的商谈机会就可能丧失。如果买家还有从其他供应商进货的选择的话，估计就会终止此项谈判。反过来说，如果一方即便冒着谈判破裂的危险也希望尽早结束谈判的话，那么他也可能会从一开始就告知对方"不喜欢您就别买"。

遭遇进攻时可以扩大谈判项目

对方如果使出"不喜欢您就别买"的战术，我们该怎么应对呢？在避免谈判破裂的情况下，最基本的办法是，把谈判的范围扩展到对方自称无法让步的项目以外。比方，如果对方在价格上不让步，那么可尝试着就运输条件进行谈判。也就是说，从单一焦点的谈判转向多个焦点的谈判。这意味着将陷入困境的谈判朝着追求替代方案的建设性的方向进行转变。

在考虑多个焦点谈判之前，测试一下对方所说的"不喜欢您就别买"是真是假也很重要。例如，可以像没有听对方说过"不喜欢您就别买"一样尝试继续与之讨价还价，或者试着暗示谈判可能破裂。如果对方所说并不属实，那么也就意味着在该项目上还有谈判的余地。如果看上去所言属实，就有必要将谈判的焦点转移至该项目以外的其他项目上去。

失
败
案
例

以最后通牒逼迫对方决策之战术

职场人士武弘决定向一种叫"超级笔记本"的电脑及其周边设备进行整体投资。在考察了几家电脑店以后，他走进了标价最低的一家，开始与其谈判。

电脑店职员： 有什么我可以帮您的吗？

武弘： 啊，我对笔记本电脑很感兴趣。

电脑店职员： 哦，是吗？您已经买了吗？

武弘： 没有，不过我在工作中用着呢。听说有一种叫"超级笔记本"的电脑很好，你们家有吗？

电脑店职员： 有啊，有啊。这种电脑销量很好，目前已供不应求。要是在其他店买的话，可是要等上将近一个月呢。

武弘： 咦？真的吗？

电脑店职员： 不过您非常幸运。正巧我们家刚到货，今天买的话，您马上就可以带回去。

武弘： 那可太好了！不过，上面标价是 25 万日元一台，你们能给我便宜多少呢？

电脑店职员： 这是能给您的最低价了，所以没法再给您便宜了。就算您不买，还有很多其他顾客在等着呢。

武弘： 哦？是吗……再不能便宜了？

电脑店职员： （一边展示图册）要是这一款的话多少还可以给您便宜点儿，不过不是您想买的吧？

武弘： 好吧。没办法，就按这个价格买了。

电脑店职员： 好嘞！谢谢您！这一款非常受欢迎的，包您满意。对了，用不用帮您扩展一下内存？大部分顾客都会选择这项服务。现在可以给您便宜 5%，仅仅 2 万日元就可以为您追加内存。

武弘： 好的，那你帮我加吧。其实我还需要打印机，同时还需要几种软件。

电脑店职员： 唉，是吗？（一边展示图册）打印机的话，这一款现在最流行。

问题出在哪里？

真是一位强势的店员，武弘自始至终处于下风。我们从应对"不喜欢您就别买"战术的有效防御之策的角度整理一下值得反省之处。

× 被对方的节奏牵着鼻子走

整体来说，武弘似乎陷入了被店员控制的节奏。谈判的节奏由积极向对方提问，并且积极地提供信息的一方来决定。武弘先生的发言当中，"咦？真的吗？""哦，是吗……"等"被动"发言十分明显。他要是能够再稍微积极努力一些就好了。

√ 测试对方决心的程度

对付"不喜欢您就别买"战术的第一步就是，要对对方说的"不喜欢您就别买"的真假即对方决心的程度进行检验。测试方法有，可以装作没听见对方说的"不喜欢您就别买"，对对方说"拜托了，您给我便宜点儿"等，继续与之讨价还价，还可以说"要不就算了"，试着暗示对方谈判可能破裂等。除此之外，还可以尝试着说"别的店可是说要给我降到这么低"。

✕ 准备不充分，没能验证对方所说

仅仅在其他店面看了一下价格，称不上进行了充分的信息收集。武弘应该再深入一些，问一问其他店的店员。正是由于信息太少，武弘没法验证店员所说的话，结果被对方的节奏牵着鼻子走。特别该确认的就是"标注价格为固定价格，没法再便宜"这一点，他应该在别的店也了解一下。

√ 准备貌似小事，实为大事

所有谈判都要做充分准备。武弘原本应该在其他店事先询问一下商品的进货情况、最低价格、产品自身优缺点等。"知识就是力量"，信息是谈判力的重要源泉之一。

✕ 没有完全发挥出自己拥有的谈判力

另外，非常遗憾之处还在于武弘把自己的需求一项一项提出来。首先是电脑，然后是打印机，接下来是软件，如此一件一件地买，等于和单买没什么区别。如果他把所有准备买的商品一起打包购买，并且提出全在那家店买的话，他的谈判力就会有所提升。当然，如前所说，掌握确切信息也是增强谈判力的重要因素。

∨将谈判项目扩展为多个

应对"不喜欢您就别买"战术的基本要领就是，将谈判范围扩大到对方无法让步的项目以外。也就是从单一焦点谈判转向多个焦点谈判，即朝着尽可能多的谈判方向转变。一旦在多个项目上进行让步，提高彼此满意度的替代方案就会产生。如果单考虑电脑主机价格无法让步，那么或许可以在追加内存方面让其打折，或者可以让其免费送一个电脑包等。

∨尝试将谈判项目作为整体进行谈判

还有一种办法，就是把所有准备买的商品作为一个整体向对方提出。这样一来，谈判项目比原来多了，应该能够找到提高彼此满意度的方案。例如，就算电脑主机不能打折，或许也可以在打印机和软件上获得更大折扣，还可以要求对方免费赠送网线和光盘等。武弘的谈判结果实在令人惋惜。

成功案例 以最后通牒逼迫对方决策之战术

武弘：
> 你好！我一直在各家店转着看"超级笔记本"，你们家的标价好像是最低的啊。

*似乎已经收集到相关信息。能够感觉到他摩拳擦掌开始谈判的姿态。卖家肯定也会觉得应对这位顾客不能大意。

电脑店职员： 是的，没错。您可算是来对了地方。

武弘：
> 那么，这一款你们能给我便宜多少？

电脑店职员： 您好像已经在其他家店转过了，我想您应该清楚，这一款可是最畅销的，目前已处于供不应求的状态。打个比方说，已经火到"价格不满意您就别买"的程度了。

武弘：
> 我当然知道这一款很畅销。所以我才会感兴趣的。我有增加内存的需求，你应该能在那个上面给我便宜一些吧？

*给对方重视结果这一强烈印象。随即马上转向内存的降价，进而一边忽视卖家的发言，一边继续与之谈判。

电脑店职员：　哎呀，真让人为难啊……

武弘：　其实，我除了"超级笔记本"电脑，还想一起买打印机和几款软件。要是你能把这些放在一起考虑就好了。

电脑店职员：　好嘞，那就谢谢您了。（一边展示图册）打印机的话，这一款彩色打印机卖得最好。您买这一款的话，我可以勉强在定价基础上给您便宜 10%。

武弘：　你肯定可以再便宜一些。你们隔壁那家店，即使单买一台都能给我便宜 15%。

*给对方以莫名的压力，紧接着就举出了具体事例。这在心理战术上很有效果。

电脑店职员：　心疼死我了。我算是服了您了。那我就给您便宜 20%。

武弘：　那么这些软件呢？

电脑店职员：　顶多给您便宜 20%。

武弘：　刚才我要追加的内存，你能给我便宜多少啊？

电脑店职员：　最多给您便宜 10%。

武弘：

好吧，算了。那你得再送我一根 5 米长的网线和一张光盘。没问题吧？

电脑店职员：

您打住！不能再提要求了，求您高抬贵手。我得在店铺破产前赶紧送走您（笑）。

* 不愧是销售高手。一半玩笑一半心里话地认可了武弘的硬式打折谈判技巧的高超。到最后，卖家尽管降了价，但得以卖出很多商品。另一方面，买家虽然没能让电脑本身降价，但是以几样东西一起购买的方式，得到了购物的实惠。也就是说，双方的满意度都得到了提升。

谈判技巧补充知识

巧妙运用"没有权限"这一优势

经常听谈判当事人说："我没有足够的权限，所以谈判很艰难。""要是能有更大的权限该有多好。"那么，是不是只要拥有更大的权限，自然而然就能进行建设性谈判呢？答案恐怕是否定的。当把"权限"看作"可以让步"时，有限的权限也有其好处。因为就算没有任何权限，谈判者也有可能为谈判进程做出巨大贡献。

也就是说，权限的有无在谈判当中并不重要，重要的是要懂得如何有效活用权限。

有限的权限也有巨大好处

让步是有限度的。也就是说，谈判者的权限有限，为我们在面对对方超出一定界限的要求时提供了可以说"不"的依据。我们可以向对方传递"我已经在自己权限范围内尽了最大努力""无法继续做出让步"的信息。事实上，面对强势的代理商和用户，制造企业有时专门让权限小的人参与谈判。

不过，这一战术在面对重要的交易对象时十分危险。因为如果出面应对者没有权限，对方可能会认为"自己不被重视"而选择放弃商务谈判。另外，谈判者权限受限会变成暗示要考虑提高双方满意度的替代方案。例如，如果在价格方面没有让步的权限，那么谈判者就会想办法与其他项目搭配在一起做出让步。

完全没有权限的谈判者也有可能做出贡献

尽管谈判者也可能毫无权限，不过即便如此，这种谈判者为谈判做出贡献也是有可能的。例如，完全有可能打探到对方的主张和要求，并且揣度其背后真正关注的事项。反过来说，没有权限就意味着谈判者以个人身份面对对方的意味更强。此种情况下，探听出对方真正想法的可能性还是有的，运气好的话说不定可以给组织带回很重要的信息。以收集到的信息为基础，也可以为提出提高双方满意度的替代方案做出贡献。因此，当事人不应气馁地认为"我只是一个小职员，完全没有被赋予权限"，而是应该积极参与到谈判工作中去。

权限过大也有危险

让我们设想一下在所有方面都拥有巨大权限的人直接参与谈判的场景。多数情况下，拥有巨大权限者都是高层领导，可以说他们对谈判细节了如指掌的概率非常低。可以做出答复或让步的身份反过来也会带来灾难，使他很有可能做出不必要的让步。即使谈判在短时间内达成协议，也有可能因为操之过急，达成的条件甚至低于谈判破裂时的替代方案。另外，有权限者未必擅长谈判。

一般来说，除了机密谈判，权限大的人，例如公司最高层领导参与谈判并不可取。在机密谈判中，最高层领导应该在擅长谈判的顾问的陪同下一起参与谈判。通常而言，应该由权限存在上限的谈判者坚定地开展谈判。

分饰好人恶人以施出心理战之扰乱战术
扮白脸 / 扮红脸

→ 关键点

- 所谓"白脸 / 红脸"战术，指的是同一团队中的"恶人"采取强硬态度，而另一个"好人"采取温和态度的战术。

- 由于"好人"看上去像救世主，所以遭受攻击者不知不觉中容易接受比"恶人"提议好很多的"好人"的方案。

- 一旦对方以此种"白脸 / 红脸"战术向己方发起攻势，首先要识破其战术，这一点十分重要。归根结底，"好人"也罢，"恶人"也罢，都是同一团队内的角色，所以有必要在此前提下仔细斟酌"好人"的提议。

分成"好人"和"恶人"的"分饰角色扰乱战术"

"分饰角色扰乱战术"指的是对方的团队成员通过分别饰演"好人"和"恶人"角色，以达到引诱我方妥协的心理扰乱战术。一般来说，这一战术通常采取以下基本套路，即对方的"恶人"会抛出非常苛刻的要求，然后"好人"出场，在安抚"恶人"的同时，向己方提出妥协方案。

另外，"恶人"多数情况下是对方团队的一个成员，但未必是具体的某个人，可能是公司的规定，也可能是法律条文，或负责监管的政府机构。

利用了人们心理的屡试不爽的战术

"白脸/红脸"堪称最为巧妙的谈判战术之一。之所以这样说，是因为它巧妙地利用了人的心理。谈判者在受到"恶人"强硬谈判风格施压时会感觉非常沮丧和疲惫，心里想："我怎么非得和这种蛮不讲理、强人所难、无礼的人打交道呢？"然后一旦接触到接下来登场的"好人"和善的谈判态度和一副善人模样，自然会觉得对方看上去宛如救世主一般。

要认识到"好人""恶人"都是对手

应对此种战术最关键之处在于，要认识到"好人""恶人"无论看上去是多么不同，他们都是对方团队里的人。不管对方的好人看上去多么善良，都只不过是同恶人进行比较时显出来的"好"。"好人"也罢，"恶人"也罢，都是对方团队里的"演员"。这一点我们有必要铭记于心。

所以，"好人'提出的方案能不能称得上是使双方满意度最大化的替代方案，需要我们进行冷静验证。实际上，多数情况下"好人"提出的方案就算比"恶人"提出的好许多，也往往难以称得上是最好的。

失败案例

分饰好人恶人以施出心理战之扰乱战术

吾川是一家管理咨询公司的项目经理，他最近向正在开拓中的客户——柠檬银行提交了咨询提案书。银行方面的负责人是铃木和隈部。

铃木： 你们的做法简直让人遗憾到了极点。不，与其说让人感到遗憾，不如说对你的提案书感到恼火。这种垃圾一般的东西亏你们好意思拿出来！

吾川： 为，为，为什么啊？这只是一份极为普通的提案书而已……

铃木： 你还问我为什么？非得问你才能明白吗？好吧，我来教你。你看看提案书上写的费用，你们这样报价本身就让人无法相信！无论是谁，我们都不允许他们任凭什么项目就向我们公司开口要1亿日元。无论是谁！你听明白了吗？！

吾川： 如果您担心的是费用水平的话，我想一定是可以找到解决办法的……

铃木： 当然了！要是不解决的话，你做项目经理的职业生涯今天也就干到头了！

吾川： 那，那么，您认为应该是多少呢？

铃木： 顶多 5 000 万日元，再多一分钱也出不了。

吾川： 可，可是，这样的话才是我们提出的价格的一半啊……

铃木： 你们做不了的话，我们就去雇别的公司做。

吾川： 请，请稍等。我没有权限做这么大的让步。

铃木： 那你究竟有多大的权限？！

吾川： 如果不调整团队成员的话……可能是 9 000 万日元左右……

铃木： 没什么好谈的了。你滚回去吧！

隈部： 你怎么可以对他发那么大脾气？提案书本身做得并不差。只不过是价格报得偏高了一些而已。他也不是有意要惹咱们发火。怎么样，吾川先生，比方说，能不能给我们压低到 8 000 万日元呢？

吾川： 不行，真的做不到。就算我再怎么努力……最低只能到 8 500 万日元了。

隈部： 是吗？这个提案还比较合适。那我们就接受你这个报价了。你说好吗，铃木先生？

问题出在哪里?

很遗憾,这一天对于吾川来说实在是糟糕透了。我们对他的遭遇表示同情,不过在应对"白脸／红脸"战术的过程中,哪里出了问题呢?

×上了"恶人"演技的当

铃木作为"恶人"的表演开始了。抛出了"预算减半"等无理要求,可以说这是很反常的反应。不过,被人如此施加压力,即使是资深谈判者恐怕一开始也会被吓一跳。虽说是项目经理,但吾川毕竟还很年轻。

√要努力看透对方的战术

看透对方战术绝不是一件容易的事情。可是,只要知道一些战术的原型,就会变得格外容易识破对方的阴谋。"白脸／红脸"战术可能是比较容易识破的战术之一。可是,一旦被恶人第一波进攻打乱阵脚,原本可以看穿的也会变得无法看穿。如果对方多个人出席,一个人以强硬面孔出现时,我们首先就应该防备"白脸／红脸"战术。

√ 质疑对方战术的正统性

如果觉得对方说不定在用"白脸/红脸"战术，我们该如何应对呢？

首先，应该对对方战术的正统性提出质疑。也就是说，应该直截了当地质问对方："你们不会是分成'好人'和'恶人'在那里演戏呢吧？"

只是，此时重要的是，不能追问到底或者一口咬定，而是应该采取"你们应该不至于吧？"这样的提问方式，给对方留出退路。对方必定会说"岂有此理"加以否定。这时以"就是嘛，一眼就能识破的事情您几位怎么可能会做呢"来打圆场。

此种质疑对对方来说将是巨大的威胁。谈判战术只有在对方没有察觉的情况下才能发挥作用。对方被识破以后，只得放弃使用该种战术。

✕ 主动将谈判焦点集中在价格上

吾川被扮演红脸的铃木的骂声压倒，结果不知所措，不知不觉暗示在价格方面可以做出让步。

√不能屈从于压力做出大幅让步

每个人都会很自然地不想与人发生争执，不想惹别人发火，讨厌被别人喋喋不休地数落。"白脸/红脸"战术的不妥之处就在于它设定所有人都有能抓住的弱点。从追求提高双方满意度的建设性谈判的观点来看，此战术丝毫不值得恭维。

谈判员绝对不能屈服于压力而当场做出大幅让步。

√提案经常被看作整体解决方案

在不能屈服于压力的基础上，谈判者应该具有时刻将提案作为整套方案看待的视角。这样一来，价格也不过就成了提案的一部分要素。

✕被"好人"伸出的援助之手牢牢抓住

吾川在心理上被"恶人"气势凌人的高超演技打乱阵脚后，觉得隈部就像天使一般，结果轻而易举地就被对方提出的替代方案套了进去。

√把"好人"的提案从"恶人"的提案中切割出来加以评价

"白脸/红脸"战术令人纠结之处在于，"恶人"的提案过于不讲道理，而"好人"的提案看上去充满魅力。这应该可以称作一种心理错觉吧。所以，出色的谈判者，需要将"好人"的提案和"恶人"的提案切割开来，对其进行完整评估。如果将"好人"的提案单独拿出来看，通常就应该能看清楚它其实也没有那么大的吸引力。

成功案例

分饰好人恶人以施出心理战之扰乱战术

铃木： 你们的做法简直让人遗憾到了极点。不，与其说让人感到遗憾，不如说对你的提案书感到恼火。这种垃圾一般的东西亏你们好意思拿出来！

吾川： 为，为，为什么啊？这只是极其普通的提案书而已。

铃木： 你还问我为什么？非得问你才能明白吗？好吧，我来教你。你看看提案书上写的费用，你们这样报价本身就让人难以置信！无论是谁，我们都不允许他们任凭什么项目就向我们公司开口要1亿日元。明白了吗？！无论是谁！

吾川： 也许这么说不太合适，不过我总觉得有点儿奇怪。或许完全是我的误解，您这采取的不会是"白脸/红脸"战术吧？虽然我觉得像贵行这样值得尊敬的企业断然不会这样……

*只要觉得可疑，就要质问对方。这个时候需要注意给对方留有退路，不要失礼。

铃木： 岂，岂有此理！你是想说我们在耍下三烂的把戏吗？你也太失礼了。

吾川： 如果我的话惹您不高兴了，请恕我失礼。貌似是我搞错了。不过，贵公司是我公司重要的潜在客户，如果您刚才所说是贵公司的真心话，作为我本人，也只好将您的意思如实转达给我公司总管金融的集团领导。我想他会直接与贵行行长联系。

* 说出比较严重的话牵制对方。扮演白脸的铃木的嘴被彻底封住了。

（铃木虽然怒火中烧，却不得不低下了头。）

隈部： 我想没那个必要。铃木最近操心的事情太多了，所以才会这样。你不必介意。
我们对项目整体内容还是挺满意的。只不过你们报的预算水平和我们的支付能力不吻合而已。

* 发现策略被识破以后，红脸角色出来打圆场。

吾川： 如果是这样，我想一定能够找到让双方达成一致的解决方案。我想想啊……第一阶段的市场调查或许可以拜托贵行的工作人员完成……放弃第二阶段自费的数据收集工作，或许也可以使用次要数据……我想这样可以削减1 000万日元左右的费用。

* 脱离价格，开始用别的内容继续谈判。这是将提案整体看作一套商品。我们可以看出，他的替代方案准备得也非常周到充分。

隈部： 是啊。这样的话看来可行。怎么样，铃木先生？

谈判技巧补充知识

看穿谈判战术变种的本质

本书讲解的种种谈判战术终究只是原型。当然，以原型出现的情况也不在少数，但是在形式上多少有所变化的变种也非常多。

变种乍一看形式不同，但是本质上与原型一样。所以最基本的在于，要不慌不忙地采取与原型相同的方式来应对，从而引导其促成提高双方满意度的建设性的谈判。无论是原型还是其变种，毋庸讳言，关键都在于看穿其战术本质。

"白脸／红脸"战术的变种

前面讲过，"白脸／红脸"战术是对方的团队成员分别饰演"恶人"和"好人"，从而引诱我方做出妥协的心理扰乱战术。通常来说，很多情况下"恶人"就是你眼前对方团队中的一个人，但是未必事实上一定就在你眼前。即使对方是一个人，也完全有可能采取"白脸／红脸"战术。

例如，对方可能会说："我们领导严肃地说'绝不让步。与其让步还不如让谈判破裂！'我觉得他这种说法很过分。我想以这个条件肯定能够说服上司，所以还请贵公司务必接受我们这个条件。""恶人"其实并不在场。可是，这个时候也是对方分别扮演"好人"和"恶人"，企图以此诱使我方做出妥协，其本质上采取的依然是心理扰乱战术。

乍一看不同，但本质一样

还有，"恶人"未必是具体的某个人。比如像"按我们公司规定，这次以这么高的价格售出，但是在我多方努力下，我们已做出了很大的让步。因此，还希望贵公司能够务必接受这一价格"这样的情况也是存在的。这也堪称"白脸／红脸"战术的变种。除此之外，让法律和负责监管的行政机构等扮演"恶人"角色也完全有可能存在。

其他变种的事例

下面的这番话是哪种谈判战术的变种呢？

"我要求对方就其提案做出让步。没想到对方以情况有变化为由，反馈回来的提案的条件竟然比原来还要糟糕。"

这从外表上看可能会让人觉得很不相同，其实也是"白脸/红脸"战术的变种。"恶人"是"情况的变化"这一抽象原因。并且，"恶人"一开始并未出现，而是后来才出现的。可是，通过提出一个条件更糟糕的替代方案，企图让人接受最初的方案，可以说这种战术在本质上与"白脸/红脸"战术是一样的。

基本应对之策与原型相同

不管是原型还是变种，基本应对之策都一样。就算外表不同，但战术本质没有变化，所以，应对之策也基本不变。以上述"白脸/红脸"战术变种的例子来说，无论"恶人"在不在现场，也不管"恶人"是具体的某个人还是规则，更不管"恶人"是一开始还是后来才出场，都没有关系。对付这种战术的基本都在于，首先认识到"好人""恶人"都是同一团队的人，在此基础上不要陷入相对评价的陷阱，而应该只就对方提议方案本身进行评价。

　　无论面对何种战术，重要的都是要看透其战术本质。为此，我们需要平时就注意磨炼心志，不能懈怠。

含糊要求心理战术

→ 关键点

- 含糊要求心理战术是指在投标结束后，通过进一步提出"能不能再想想办法啊"的含糊形式让对方让步的战术。
- 一旦做得太过，对方可能会降低商品和服务的质量，需要注意。
- 对抗此种战术，只要将谈判内容扩展到对方咬住不放的项目以外就可以了。

投标结束后的含糊要求战术

"能再便宜点吗"的战术是在招标结束阶段,买家向卖家不提出具体要求,而是提出"能不能再想想办法呢"来进行试探。此种战术多见于石油制品和化学制品等难以实行差异化的商品的谈判中。

利用期待和压力的胡萝卜加大棒战术

这一战术在诱使对方做出某种让步方面颇为有效。因为这是一种一边让投标方抱有获取订单的期待,一边对其施加竞争压力的战术,也可以说是利用胡萝卜和大棒获取让步的战术。卖家在被试探"能不能再想想办法呢"以后,会认为"只要过了这一关,就肯定能拿下合同",同时也不免感觉到竞争对手存在的无形压力,并且这些竞争对手应该也在为拿下合同而拼命努力。

严禁做得太过,否则买家必定会报复

其他战术也可以这么说,那就是严禁做得太过。"能再便宜点吗"战术应局限于无论如何预算都有限制等迫不得已的情况下。这是因为，此战术会给勉强降价却没能拿下订单的卖家留下巨大的心理阴影。还有，就算卖家拿下了订单，由于做赔本买卖的情况也很多，所以卖家要么降低产品品质，要么降低服务质量，以此确保自己在交易中不吃亏。结果就导致买家的满意度下降了。

强调商品整体的便捷性

应对"能再便宜点吗"战术的基本方法是，强调商品及相关的整体便捷性。从商品本身来说或许实现差别化很困难，可是商品品质、稳定供给、实际业绩等，在商品以外应该存在可供谈判的筹码。

将"能再便宜点吗"的内容具体化

此外，还需要尽可能事先详细掌握买家提出的含糊的试探内容。其中一个办法就是直截了当地问："便宜多少我们能拿下订单？"

失败案例

含糊要求心理战术

　　小岛是莫克桑石油公司的销售人员。他最近参与了对巴乌化学公司长期供给合同的投标。投标结束后，巴乌化学公司的采购部门联系小岛，希望双方一起开个会。

巴乌化学公司的安藤： 小岛先生，您好！很高兴再次见到您。生意怎么样？

小岛： 您好！托您的福，我们比以前忙多了。

巴乌化学公司的安藤： 今天请您过来不为别的，就是想和您聊聊灯油长期供给合同的事。投标已经结束了，不过我们希望贵公司能再努把力。

小岛： 是这样啊。我们彼此都是老交情了。您就直说吧，希望我们再努力多少？

巴乌化学公司的安藤： 这个我不太方便说。

小岛：

> 嗯，这倒也是。不过，我们公司的投标价格是最低的，这一点自信我们还是有的。

巴乌化学公司的安藤：

我们只是希望贵公司能够再加把劲儿就行。您也知道，我们与贵公司在石脑油、轻油、工业用润滑油方面缔结有长期供给合同。我们对与贵公司的合作关系非常满意。贵公司就不能再为我们努一把力吗？

巴乌化学公司的八重樫：

小岛先生，您知道你们在和谁竞争吧？赛尔石油公司和 PP 佩特罗公司可是咬得非常紧。它们非常努力，真心想拿下这个合同。它们正在积极与我们接洽，这可是一场激烈的交锋。

小岛：

> 是的，它们是我们的老竞争对手了。只是，我们公司也已经尽了最大努力。在此基础上稍微有些困难……

巴乌化学公司的八重樫：

小岛先生，在考虑竞争状况的时候，有时候做到最好是不够的，有时需要做出更大努力。

小岛：

> 明白了，我会试着妥善处理。

巴乌化学公司的八重樫： 谢谢！你们只需要再努力一些就好了。

小岛： （自言自语）可是，价格再降的话就要亏本了……我究竟该怎么向上司汇报呢？

问题出在哪里？

小岛在对方提出的"希望你们能再努力一些"的要求面前败下阵来，最终被迫做出了让步。小岛失败的原因是什么？

✕ 没有充分挖掘含糊要求的内容

面对含糊要求，小岛开门见山地向对方做了具体提问："您直说，我们应该再努力多少呢？"可是，安藤的一句"这个不太方便说"，就让他放弃了打探对方具体要求的努力。他不应那么轻易做出退让，再坚持一下就好了。

✓ 具体把握追加要求的内容

"能再便宜点吗"战术的精髓在于其"要求的含糊"上。所以，应对起来，最基本的就是尽可能将对方含混不清的要求具体化。特别是这一战术在含糊的说辞当中，让人抱有"拿下订单就在眼前"的希望。为了确认其真假，应该单刀直入地试着问对方"我们该在哪方面怎么做"。这时，不要轻易放弃，而是要坚韧不拔地探听对方的真实想法。

√打探出和竞争对手的不同

这一战术的另一个特征是，通过强烈暗示竞争对手也在努力，向卖家施加压力。要克服这种压力，就要知道对方的底牌，也就是，要努力去获取有关其他公司在配套提供何种商品和服务的信息。只要对此有了某种程度的了解，就能清楚自己与对手的区别，从而提出整体上更优良的方案。不要一开始就断定对方不会告诉自己这些事情，相反，直截了当地询问对方也是有帮助的。

× 将谈判焦点只集中在价格上

另外，小岛认定巴乌化学公司的含糊要求是对于价格的要求。价格是重要因素，这恐怕也是事实。然而，这是一份关于长期供货的合同。除价格以外，这一投标还应该是支付条件、配送条件、保证等诸多要素的集合体。不应该忘记将这些要素作为一个整体来对待。

√不要把困难的原因都看成是价格的问题

价格最终应该只是多个因素中的一个，所以不应该只把焦点集中在价格上，应该强调整体的价值。再加上提案以外的因素，比如自己公司在业界的地位等，供给者自身的优势也应该是存在的。在其他商品上的交易业绩、财务体系等也可作为提案以外的因素强调其优势。

× 最终做出了让步的承诺

小岛应该也清楚，再做让步就要赔本了。尽管如此，在对方暗示拿下订单的可能性和与其他公司的竞争等攻势之下，小岛仍然败下阵来，最终做出了让步的承诺。他的心情我们可以理解，但是这绝不是明智的谈判者应该做出的决策。

√ 无论如何需要做出让步时，也要一点一点来

有的情况下，我们无论如何都必须做出让步。这时，无论在价格上还是其他项目上的让步，都要尽最大可能一点一点来，绝对不能在压力面前轻易做出承诺。

成功案例　含糊要求心理战术

巴乌化学公司的安藤： 今天请您过来不为别的，是想和您聊聊灯油长期供给合同的事。投标已经结束了，不过我们希望贵公司能够再努把力，一点点就行，希望贵公司能够再想想办法。

小岛： 贵公司是我们非常重要的客户，相信这一点您也非常了解。我公司与贵公司就其他产品也签订了若干合同，并且我公司也严格遵守了合同承诺。在参加投标的时候，该价格当中包含了我公司能够提供的所有品质与可靠性。就算您没考虑到这些无形资产，我们的投标价格即便不是最低的，我相信也是非常有竞争力的。

*不只拘泥于价格，而是将投标看作包括商品品质和公司可靠性等无形资产在内的成套服务来加以认知。公司的诚信也是成套服务中重要的一部分。这一点很重要。

*价格当然也很重要，其本身也表明小岛一方存在竞争力。不过此处也正在从价格与无形资产两方面强调整套服务的优势。

118

巴乌化学公司的安藤：　　我们当然对与贵公司的合作非常满意。为了让合作能够继续下去，也希望贵公司能够再努一把力。

小岛：

原来如此。凭我的感觉，贵公司好像有非常正当而且严格的预算限制吧。要得到贵公司的订单，我们需要降价多少呢？

＊为了具体把握含糊要求的内容，已经开始向对方发问。

巴乌化学公司的安藤：　　这个不太方便说，因为那样不太道德。

小岛：

（过了几秒钟）是 2% 左右吗？

（安藤没有反应。）

小岛：

（又过了几秒钟）4% 左右吗？

＊为了尽可能具体打探到拿下订单在价格上所需让步额度，紧紧咬住不放。因为他已经事先获得了需要 4% 左右降价的信息。

（安藤微微地点了点头。）

巴乌化学公司的八重樫： 小岛先生，赛尔石油公司和 PP 佩特罗公司可是咬得非常紧。它们非常努力，真心想拿下这个合同，正在积极与我们接洽，这可是一场激烈的交锋。

小岛： 是的。它们是我们的老竞争对手了。竞争是一种刺激……贵公司可以大幅缩短"货到 90 天后付款"这一通常的支付条件吗？比如缩短成 30 天后付款或者改成货到现金支付呢？

* 不是仅仅做出让步，还在努力尝试对整体进行调整。

巴乌化学公司的八重樫： 或许我们可以考虑。

小岛： 那就拜托了。如果可以的话，还想再拜托贵公司，能否将每周一次配送改成每月一次呢？

巴乌化学公司的八重樫： 我们有必要向工厂负责人确认，不过我想我们应该有足够的储存设备。

小岛：

那就太好了……这样的话，请允许我们再研究一下投标价格，明天一早就与贵公司联系。

谈判技巧补充知识

巧妙回答提问的技巧

仔细听好问题

如果没理解对方提的问题，就不能做出合适的回答，这是再自然不过的事情。所以，高明的问答第一步就是要充分理解对方的提问。为此，我方必须仔细去听。提的问题有几个？问题的种类是什么？提问者真正的疑问、兴趣点在哪里？这些都要尽可能做出确切的描述，这一点非常重要。问题比较长的时候，最好做笔记，这样可以减少错误，还可以给对方一种"我在仔细倾听"的好印象。

回答之前稍微留出一些停顿

提问结束后，不要立即开始回答，而是留出几秒钟时间用来整理思路。这样既可以让自己冷静下来，也可以给对方留下好印象，即自己在认真对待提问，接下来的回答并非临时想到的念头，而是经过严肃认真思考的。这时需要留意，不要发出"嗯""这个……"等没有意义的声音。对问题做笔记时，可以整理一下问题要点。

重复问题

回答之前重复一遍对方提问的好处之一，是可以让提问者以外的参加者知道对方问的是什么问题，避免其他参加者由于没听清提问就听回答而出现焦虑的情绪。另外，通过重复问题，也可以给对方留下自己准确把握住了问题的印象。此外还有一个好处，那就是通过重复，将对方较为模糊的表达方式替换成更为具体的说法，并将问题划分成几个部分，这样一来，回答起来也就更容易了。

简短回答

一般来说，回答时最好简短一些。我们经常看到，对方面对滔滔不绝回答时那种厌恶的眼神。先说结论，然后加上一两个用来支撑该结论的论据（数据、理由、事例等），干脆利落地结束回答，这是最明智的。例如，再重复一遍对方的问题"您提的是关于我公司销售管理费的问题吧"，然后如实回答即可："我公司的销售管理费正是体现了对销售人员的高度信任。我们认为这是我们为广大顾客提供具有更高附加值的解决方案所需的一笔投资。"

不要找借口

要干脆利落地结束回答，不要找托词。例如，回答结束后说"其实我也不是非常清楚"或者"我不知道是否很好地回答了您的问题"等根本没有必要。另外，在回答结束的时候，经常有人会反问："您看我回答的是您需要的答案吗？"换言之，这种说法等同于回答者在说："你的问题我没有完全明白，所以我试着随便做了回答。如果答得不对请多原谅。"这对提问者来说是非常失礼的。

兼具收集情报之效的逆向拍卖战术

跟其他公司比起来……

→ 关键点

- 我们从标价最低的卖家手中购买东西称为"逆向拍卖"。

- 这一战术是在买家自身对该商品不熟悉，对于不知具体该向卖家提出何种要求时常见的战术。

- 应对之策是，在把握买家的优先选择基础上，说服买家并使其相信其做出了合理的决策。

兼具收集情报之效的逆向拍卖战术

所谓拍卖，是商家让多个买家进行价格竞争，然后将东西卖给出价最高的买家。反过来，买家从标价最低的卖家手中购买东西称为"逆向拍卖"。

兼具收集情报之效的逆向拍卖战术是在买家不熟悉商品或服务的内容，不清楚该向卖家提出何种要求的情况下常用的一种战术。

首先，让多个卖家提出策划方案。买家在对这些方案进行分析的基础上，要重新考虑自己需要的规格，并重新进行设计。其次，通过向卖方提出基于新方案的要求，使其进一步开展价格竞争。

此种战术不适用于在哪儿买都一样的通用商品，而适用于以配合不同买家的个性化需求，将多种规格组合起来的产品或服务。例如，个人建造的房子、管理咨询项目、大型装备的订货等。

战术效果的源泉在于信息能力和竞争压力

这一战术发挥效果的源泉在于信息能力和竞争压力。

通过接受多个卖家的方案，买家可以了解重要的产品或服务的各个要素，还可以明白这些组合存在哪些选项。此外，卖家也会由此深刻认识到多个竞争对手的存在。

耗费时间的复杂战术

这一战术尽管有众多优点，但是非常耗费时间，而且其过程本身也相当复杂。为此，对于运用这一战术的买家来说，也会产生相应的压力。首先，买家从多个卖家那里逐个听取讲解。其次，有必要在对其进行消化的基础上，向卖家提出新的要求。再次，还有必要再一次地逐个听取讲解并对其方案进行理解。最后，在这一过程中买家应该还会意识到，越听各家公司讲解，越会发现当初设想的各个要素之间比较单纯的关系其实是相当错综复杂的。

在把握买家需求及其优先选择基础上，进行合理讲解

由于这一战术非常耗费时间，很多情况下买家会陷

入混乱。所以，获取订单的关键在于，卖家为买家进行说明，使其相信"自己已经做出了合理的决策"。为此，卖家需要看清楚买家对于产品或服务的要求及其优先顺序。在此基础上，研究提升彼此满意度的替代方案。

失败案例

兼具收集情报之效的逆向拍卖战术

石川正在策划一种以提高中间管理层解决问题能力的新型培训。对他而言，这一尝试是全新事物，所以他决定在培训设计和委托公司选择上采用"逆向拍卖"战术。

人才开发主管石川： 您好！平野先生。劳您亲自前来，深表谢意。

培训公司平野： 实在不敢当。您看上去有些疲惫啊。

人才开发主管石川： 您说得很对。不过这个话题先放在一边，我们进入今天的正题吧。我已经仔细看过贵公司的策划书，当然也包括其他公司的方案。托您的福，我增长了很多这方面的知识。这是在各家公司策划书基础上斟酌出来的新的培训流程。

培训公司平野： （边看新的流程书）这个培训流程安排简直太棒了……逻辑思考、写作技巧讲座、解决问题技巧、战略、市场营销、会计、财务、人力资源管理……每门课程都有。您做的准备很充分啊！

人才开发主管石川： 是的。我觉得这些都很重要。我说得没错吧？

培训公司平野： （继续看流程书）您说得很对……关于所有这些领域，您连案例学习的单元都考虑到了啊！

人才开发主管石川： 是啊。因为案例学习法对于学习掌握现实问题的解决方法非常有效嘛。我想把解决问题能力的所有要素都加进去。

培训公司平野： 您说得太对了。您希望把所有要素都囊括进去的想法我非常清楚。（继续看流程图，对预算数额之少大吃一惊）那个，您是准备在这个预算范围之内实施这个培训计划吗？

人才开发主管石川： 嗯。其他公司对于在预算内努力做好此项培训态度非常积极。当然，贵公司肯定也会给予积极考虑的，是吧？

培训公司平野： 当，当然了！我们对于这个培训项目的热情绝不亚于其他公司。

人才开发主管石川： 那就太好了！我想听的就是您的这个答复！

培训公司平野：（内心独白）已经投入相当多的力气了。这种交谈什么时候才能结束呢？真愁人……

问题出在哪里？

平野先生似乎陷入了对方"逆向拍卖"战术的泥沼。下面让我们整理一下，为何结果会变成这个样子。

✕ 全盘接受了新的方案

平野在没有充分斟酌新方案的情况下就全盘接受了。销售人员代表的是公司，所以他应该对顾客的愿望进行建设性的评价。特别是，他应该对这种一揽子研修是否必要抱有疑问。石川对于自己的提案也并非拥有百分之百的自信，这一点从对话中可以得知。

√ 不要忘记，对方不过是一个门外汉

运用这一战术的买家在短时间内高效地收集到了信息，这是事实。由于做到了多个方案的横向比较，所以重要因素也就会凸显出来。然而，买家终究只是门外汉。就算比较清楚策划书上写的内容，也未必精通其他隐藏因素。

认识到买家并非掌握所有信息，就暗示业务咨询的需求依然十分巨大。同时，这种认识对于避免卖家给自

己增添不必要的压力也非常有帮助。因为自己这一方才是专家，而不是对方。

✓ 明确对方的需求及其优先顺序

在买家没有掌握自己真正需求的时候，卖家有必要为其加以明确，不应该毫无批判地满足买家的要求。作为专业人士，应该在充分照顾买家立场的同时，直接接近其真正关注的事项，能否做到这一点非常关键。

✕ 由于没有彰显出个性而屈从于竞争压力

由于对新的提案没有阐述专业人士的意见，所以平野没能够展示出自己作为谈判者或者作为问题解决者的存在价值。也就是说，他没能够将自己公司与其他竞争公司拉开差距。为此，在石川提出和其他公司的竞争关系时，平野只能屈从于竞争压力。

✓ 合理解说满足对方需求的提案

越想要了解多个策划案的内容，买家就会越混乱。还有，这一战术不仅耗费时间，同时还需要复杂的过程，所以买家在组织内部进行汇报和沟通也需要相当的精力。拿下订单的关键就在这里。

当然，买家希望能够购买到质优价廉的服务。并且，买家也必须对自己的公司表明采纳的提案是合理的。所以作为卖家，应该弄清楚买家需要的商品或服务的内容及其优先顺序，然后在据此提出方案的同时，用买家能够明白的语言明确告知对方，自己的提案是如何合理又经济。也就是说，应对的关键在于将拍卖转换为解决问题的过程。

✓认识到对方采取这一战术的负担也很重要

因为这一战术既耗费时间，又需要复杂的过程，所以对于买家而言也是相当大的负担。"压力不是单方面的"——认识到这一点，将在提高卖家积极性方面发挥正面作用，有助于提高其综合谈判力。这一点尤为重要。

成功案例

兼具收集情报之效的逆向拍卖战术

人才开发主管石川： 这就是培训的新流程书。

培训公司平野： （边看新的流程书）这个培训流程真的很棒，可见您准备得非常充分。这个培训流程囊括了重要元素。

* 在了解了对方要求之后，正在对其本质进行确认。同时，在这一阶段，只要是聪明的谈判者，都应该能够觉察到客户还没太弄清楚什么样的优先顺序最适合自己。

人才开发主管石川： 是的。因为我认为这些都非常重要。我说得没错吧？

培训公司平野： 是的。您说得很对……（继续看流程书，发现了对方期待的预算额）不过石川先生，我不得不说，此处的预算

* 正在以专业人士身份对客户的提案进行严格评价。

> 额与本次培训的规模之间存在相当
> 大的差距。我认为，以这个预算来
> 满足这些必要条件十分困难。

人才开发主管石川： 这可就怪了。另外两家公司可是说
了，他们愿意尝试去做。为什么到
贵公司这儿就不行了呢？你们不想
要这个项目吗？

培训公司平野：

> 我们当然希望得
> 到这个项目！我
> 们公司希望拿到
> 这个项目的热情
> 与其他公司相比
> 毫不逊色。我们
> 在这个行业有很
> 多的经验，所以
> 自认为非常了解
> 市场情况。这个
> 内容在您提议的
> 预算范围内是无
> 法进行设计的，
> 除非不惜牺牲
> 质量。

* 在充分理解了对方的情况
和提案基础上，明确并坦率
地指出其局限性。此时，不
是否定个人，而是指出预算
与培训内容的期待值之间存
在偏差。暗示其他公司说能
做下来是准备降低培训质量，
也是在动摇对方的想法。

人才开发主管石川：　　　　那种敷衍了事的培训我是绝不会允许的，这关乎我个人的名誉。

培训公司平野：

> 我们公司绝对没有降低质量的打算。可是，按照社会上通俗的说法，贵公司想必也有贵公司非常严格的预算限制。如果要在预算范围内开展这项培训内容，可能需要理清优先顺序，对流程书进行调整。

＊随后，进入建设性的谈判模式。客户也不希望自己的名誉受损，所以应该有接受专业人士建议的准备。

人才开发主管石川：　　　　很好。您说得很有道理。具体来说该做些什么，又该怎样去做呢？

培训公司平野：

> 培训的焦点在于改善解决问题的能力，所以逻辑思维和解决问题技巧的讲座肯定是需要的。可是战略课与市场营

＊看透对方的需求，通俗易懂地讲解满足这一需求的提案。石川也正在逐渐接受。

销课就不是必需的了。因为参加这一培训的各位学员在这一领域应该接受过相当程度的在职培训。

人才开发主管石川：　确实是这样。细想一下，他们也应该具备基础性的会计知识，不过恐怕不具备财务知识。

培训公司平野：　是吗？那就把财务课与案例学习加进去。还有，从必要性来看，人力资源这一部分应该可以舍弃掉……

谈判技巧补充知识

妥善应对难题是必备的技能

"不明确的提问"通常是主语部分和谓语部分不清楚、拖沓冗长的提问。在发表了一通既不像提问又不像见解的意见以后，最后以"这一点您是怎么认为的"结尾的发言正是其典型。此种提问多见于提问者一边思考（或是没有思考）一边提问的场合。在应对的时候，由于问题本身就非常难懂，我们可以先把球踢回给提问者。多数情况下，第二次提问才是更为具体的问题。除此之外，请提问者将某一表达方式说得更清楚一些，或者对其进行定义等方法也颇为有效。总之，对于不明确的问题，直接进行回答是不明智的。

面对负面提问，第一步是确认事实

"为什么制造成本会增加？""你们要把亏损的业

务坚持到什么时候？"这种聚焦于否定部分的提问又叫"负面提问"。直接回答负面提问，有可能会造成对于负面事实的承认。为了积极应对此种提问，应该考虑如何用肯定的方式进行表达。例如，如果对"为什么销售人员的士气最近有下降趋势"进行直接回答，就等于承认目前士气低下。所以在回答之前，有必要向提问者进行反问，对被提问者作为前提的事实是否正确进行确认。

变换尺度，应对无法回答的问题

　　面对负面提问，直接回答起来相当困难。例如对于"凭什么你们公司的产品比别的公司贵那么多"这样的提问，即使机械地以"我们公司使用了高级材料"为由说明价格贵的原因，提问者恐怕也不会接受。要使提问者得到满足，比起直接解释价格高的理由，说明对于提问者来说高价格更具有积极意义将更有说服力。以此提问为例，我们就可以答道："本公司产品的价格反映的是产品的高品质和可信度。我们认为，在为您提供综合品质方面，您购买本公司的产品将物超所值。"

　　在这个例子中，要应对"难以回答的提问"。也就是将答案的焦点从提问者的"价格"转移到顾客愿意花费更高的价钱购买"便捷性"（品质）上，通过这种转换，间接地回答了问题。

负面提问中常常带有负面表达方式

另外，负面提问中往往带有负面表达方式。例如"费用激增""需求低迷""资金筹措困难"等表达方式本身就带有负面意味。所以在重复对方提问的时候，应该至少将负面表达方式转换成中立的表达方式。"激增""低迷""困难"等，可以替换为"推移""趋势""变化"等比较中性的词。

达成协议后之追讨附赠品战术

买菜可以送一点葱吧？

→ 关键点

- 买家提出与买的东西比起来相对价值较小的无偿追加要求（即免费赠送）的战术。

- 面带微笑但坚决回绝是应对的基本态度。

- 事先做好排除免费赠送的制度设计也非常重要。

协议即将达成或刚刚达成时提出无偿追加要求的战术

这种战术指的是，在谈判即将达成协议或刚刚达成时，买家对卖家提出要求其无偿追加与买的东西相比价值较小的东西，也就是"免费赠送"。例如，个人在购买西装的时候要求卖家免费赠送领带；制造企业在采购器材时要求卖方提供免费安装服务；在战略拟定后，向经营咨询公司提出要求其协助实施战略；在培训结束后，要求讲师给参加者的报告打分；等等。

事实上，不仅是买方，卖方也可能会运用这一战术。例如，出货商品比买家订货多出来一些，或者在达成协议阶段没有提及的项目被卖家加在了账单上等都属于此种情况。

看准对方希望尽快结束谈判的心理战术

为什么这一战术会奏效呢？首先，我们可以认为免费赠送与协议比起来算是相对较小的条件，所以，卖家往往认为"也不是什么大的要求，算了吧"，于是做出了让步。同时，卖家希望尽早结束谈判，所以不希望因为这个相对较小的要求使谈判拖延下去。特别是在谈判结束后，一旦对方提出免费赠送的要求，卖家"都这个时候了不想再重新展开谈判"的强烈动机就会发挥作用。结果就是，本来不应该接受的要求还是答应了，这样的情况不在少数。另外，我们也可以想到，卖家还有希望取悦买家的动机。

面带微笑但坚决回绝

对于"这个也免费送我吧"战术的基本态度是，面带微笑地应对，态度坚决地回绝。即便是比主体交易小的免费赠送，堆积多了也会成山。并且，不应该将免费赠送想成是善意。虽说是免费赠送，但最终还是谈判范围内的选项。另外，除了不默认无偿追加要求，还应该事先做好排除免费赠送的制度设计。

失败案例

达成协议后之追讨附赠品战术

佐藤是一家大型会计师事务所的会计师。他与大型超市连锁 11AM 公司财务总监荒川正在就一份较大合同进行最后阶段的谈判。

佐藤： 双方终于达成了协议，我感到非常高兴。

荒川： 我也有同感，希望能与贵公司一直合作下去。

佐藤： 彼此彼此。几十年来，我们公司通过承接像贵公司这样优良客户的工作，非常幸运地赢得了各界的良好口碑。在会计审计方面，我们坚信自己不输给其他任何公司。

荒川： 能够被贵公司称为优良客户，实在令人高兴。对了，你或者你们公司的其他任何人能在下周董事会的时候来我们公司，就最近国际会计标准的趋势给我们讲一两个小时的课吗？

佐藤： 我明白了。我们公司有很多这个领域的专家。

荒川： 那就太好了！秘书之后会告诉你详细情况。

佐藤： 非常感谢！那么今天就到这里……

荒川： 啊，对了，信息系统部门的员工说，非常希望能和贵公司聊一聊我们的会计系统，想听听贵公司简单的意见。能请你拜托你们公司的专家过几天来我们的数据中心一趟吗？

佐藤： 嗯，这个……我想，我需要看看公司有没有合适的人，那个……

荒川： 谢谢！一会儿请与我的秘书协调一下日期。

佐藤： 那个，今天承蒙您百忙之中抽出时间。我得走了……

荒川： （一边打断对方）啊，对了，我想起来了，我们正在找基层管理者培训的会计课讲师，你能给我介绍个合适的人吗？跟你拿下的大合同相比，这点小事简直不值一提，你说呢？

佐藤： 嗯，这个，是啊。具体情况我想跟您秘书详谈。我现在真的必须马上走了。我会在明天之前让他们准备好合同的最终版。告辞了。

问题出在哪里？

佐藤先生一个接一个地接受了对方的免费赠送要求。这样下去，他们公司恐怕要赚不到钱了。需要改善之处在哪里呢？让我们具体分析一下。

✕ 没有预料到对方会提出免费赠送要求

佐藤也许因为大宗生意即将尘埃落定而放松了警惕，完全没有预料到对方会提出免费追加的要求。对于对方最先提出的追加要求，他就爽快地答应了。在商务谈判中，要有心理准备，那就是对方肯定会提出免费赠送的要求。

✓ 不把免费赠送误认为是善意

一般来说，对方提出的追加要求相对较小，卖家除了希望尽早完成交易，还着眼于在今后交易中希望提高买家满意度。一般认为，此种动机会容忍对方免费赠送的要求。也就是说，将对方的免费赠送要求作为对于对方的善意表达，而在自己内心将其正当化。乍看上去，这是一种基于积极动机的行为，但其实非常危险。一般来说，对于免费服务的需求是没有止境的。没有比白来的东西更贵的了（吃人嘴软，拿人手短）。可是，就其频率而言，恐怕卖方更应该引以为戒。

× 没有认识到免费赠送的累积效果

对方左一个要求，右一个要求，佐藤一个接一个地都接受了。演讲和讲师的工作以及咨询都是相当费时间的。也就是说，这些额外要求会发生相当多的费用。看上去他在这方面的认识过于简单了，虽然最后他似乎终于认识到了。

√ 免费赠送也是积少成多

买家要求的免费赠送比起主体交易来说，也许确实相对较小。可是，在大的交易当中，如果把免费赠送也计入费用的话，可能会发展成为很大的金额。因此，应该充分认识到并且牢记于心，不可轻易答应对方提出的这种要求。

× 没有准备好免费赠送战术的应对之策

佐藤对于免费赠送的要求根本没有预料到，对于其负面冲击也没有充分认识到。在此种情况下，没有准备好有效的应对之策也是自然的。看样子他最后也是勉强才从现场脱身。

✓面带微笑但坚决回绝

应对此种战术的基本态度是，面带微笑但应坚决回绝。包括我在内的心地善良的诸位，我们的真实想法应该是"心里明白怎么回事，但无法拒绝"吧。这种时候，请想一想，免费赠送也积土成山，而且最后会有让收益缩水的危险。

✓做好排除免费赠送要求的制度建设

仅仅依靠上述应对免费赠送要求的基本态度是不够的。除了谈判者的个人努力之外，将排除免费赠送要求的制度设计纳入业务中去也十分重要。

首先，对于追加要求设定价格。通过设定价格，应该可以大幅减少此种要求。其次，还可以考虑不给作为窗口角色的谈判者以接受对方要求的权限。对方会觉得"为这点小事不值得去求对方高层领导"，从而放弃免费赠送的要求。

成功案例

达成协议后之追讨附赠品战术

佐藤： 几十年来，我们公司通过承接像贵公司这样优良客户的工作，非常幸运地赢得了各界的良好口碑。在会计审计方面，我们坚信不输给其他任何公司。

荒川： 对了，既然我公司是你们的重要客户，你或者你们公司的其他任何人都能在下周董事会的时候来我们公司，就最近国际会计标准的趋势给我们讲一两个小时的课吗？

佐藤： 我明白了。我们公司该领域的专家有很多。贵公司是我们的重要客户，所以我们将以特别价格为贵公司服务。详细情况我会用电子邮件与您的秘书联系。

荒川： 特别价格？还要让我们付钱吗？就不能在合同里加上这一条吗？

* 在向佐藤施加压力。

佐藤： 实在抱歉。如果可以当然最好，可惜不行。合同价格完全没有包含这项。

* 一开始就明确交代不提供免费服务的理由。且话说在前头，而且应该笑容满面。

荒川： 哦，是吗……对了，信息系统部门的员工说，非常希望听听贵公司对我们的会计系统的意见。能请你拜托你们公司的专家过几天来我们的数据中心一趟吗？

佐藤： 谢谢！我们非常愿意。实际上，我们公司有对您来说非常优惠的系统评价程序。使用这一程序的话，几天时间就可以与业界标准进行比较和对照。

* 不接受白送要求，紧接着就向对方介绍收费服务。

荒川： 你这可真让我吓了一大跳。连这个也要花钱吗？你们就没有什么免费的服务吗？

* 不露声色地说出了真实想法。

佐藤： 非常遗憾。我也希望能够为您免费赠送。可惜我根本没有那么大的权限。只有副社长才能做到。

* 组织上对于防止对方提出白送要求的对策也很完备。

荒川： 是吗……我们还需要一位基层管理者培训用的会计课讲师，你能帮我拜托一下贵公司的员工吗？跟你拿下的大合同相比，这点儿小事根本不值一提，你说呢？

佐藤： 我们公司有一种非常好的培训方案，可以以只有我公司客户才能享受的特别价格为您提供。估计您会感兴趣的。

* 有如此稳妥可靠的会计师帮忙打理，荒川的公司也可高枕无忧了吧。

荒川： 一毛不拔呀，你不会是用特殊材料加工出来的绝缘体吧？那好吧，请你明天把合同的最终版拿来。

佐藤： 好的，我明白了。

谈判技巧补充知识

接受新思想需要时间

接受变化需要时间

例如，搬家的人下班回家的时候，要做到不再去想"对了，我已经搬家了"最少需要 3 周时间。即使在意识层面已认知并理解了情况的变化，要使其渗透到潜在意识中去还是需要时间的。日本经济泡沫的破裂造成了房地产价格的下跌。即使理解了这一事实，但未能马上予以接受的房地产所有者想必不在少数。因此，要接受情况的变化是需要时间的。在谈判当中也是如此，接受新的想法和谈判环境的变化也是需要时间的，即需要适应期。

说服对方时坚持一贯性和耐心不可或缺

无论观点多么正确，期待对方当场就理解并接受是不现实的，而是需要一段时间，并需要一贯性地做对方的工作。原通用电气首席执行官杰克·韦尔奇有这样一句名言："让人的想法发生改变的唯一方法就是保持一贯性。"这句话清楚地表明说服别人时保持一贯性的必要性。另外，在精神分析学当中，人的想法发生改变的法则称为"反复法则"。这个法则告诉我们，重复某件事情之后，人们就会觉得这是事实。

说服他人需要一贯性和反复重复。要做到这一点，需要一定时间和耐心。

将潜伏期计入谈判日程

如果对方理解并接受我方观点需要相应时间，那么就应该事先将对方理解并接受所需时间计入谈判日程。判断需要多少天的确并不容易。不过，即便预测不完整，计入谈判日程中也应该是可能的。反之，忽视这段时间并不现实。对于对方来说，越是巨大的变化，就越是需要时间。

同样给自己留出加深理解的时间

接受新想法也需要一定时间，这一点同样适用于我们自己。这样做有利于自己在充分理解消化现状的基础上做出决策，所以有利于规避当场决策造成的判断失误，因为考虑的时间越长，考虑得越仔细。

以预算底线为由要求对方妥协之战术
没办法，就只有这些预算了

→ 关键点

• 买家边夸奖卖家边提出预算上限，以此要求卖家打折。

• 听到对方说"产品满意，但预算有限"不会心中不悦，不知不觉就容易做出让步。

• 应该在冷静测试对方预算上限的基础上摸索妥协方案。

一边抬举对方一边提出预算有限，并要求对方让步

"我对贵公司的产品、服务非常满意。我们一定会考虑购买。但遗憾的是，我们的预算有限。其实我们的预算只有这么多。贵公司能按这个预算卖给我们吗？"

"以预算有限为由要求对方让步的战术"指的是，一般来说，买家会像上面的事例中那样，一边夸奖卖家，一边提出预算有限，并要求获得帮助（打折）。这是一种从周末自由市场的讨价还价到大型企业间的商业谈判中随处可见的战术。

激起对方自负心和同情心的心理战术

这种战术在让对方让步方面很有效，原因是，该战术会激起对方的自负心和同情心。

买家首先表示，"感觉贵公司的产品和服务非常有魅力"。卖家当然不会心里不高兴了。接下来，买家称："非常遗憾，其实我们没有充足的预算。"有买的意愿但在预算上有限制，所以现在非常为难。对于这样的买家，卖家没法抱有敌对心理。下一步买家就会说："您

157

能帮我们这个忙吗？"买家以很低的姿态要求卖家大发慈悲，卖家不知不觉就会对买家报以同情。这时的"恶人"是不充足的预算，更是没有给予充足预算的某个人，总之不是参与谈判的买家。卖家此时就会心生"我得帮对方想想办法"的念头。

不要轻易让步，而要冷静应对

买家说自己预算有限时，有时说的是事实，而有时则并非如此。这未必就是对方是否说真话的问题。因为有时作为当事人的对方谈判员相信预算有限但其实可以追加预算，有时虽然他没说谎，但无法超出现有预算的说法并不属实。所以，跟对方是否在说谎没有关系，我们应该做的是对其预算上限进行测试。另外，测试以后，即便该预算上限属实，也不要因同情对方而当场做出让步，而是应该摸索符合预算范围的方案。

失败案例

以预算底线为由要求对方妥协之战术

怀特在一家大型纸制品生产企业担任负责资本投资的副总裁。他参加了一项有关购买大型工业用干燥机的谈判。他现在正在与工业机械制造企业的销售经理田村交谈。

怀特： 上周非常感谢，您的介绍实在是太精彩了。大家都对贵公司的产品非常满意。我们感觉，应购买贵公司的产品。

田村： 是吗？谢谢！我很高兴。我们公司是业界领袖。由于客户有严格的评价眼光，所以我们也丝毫不敢松懈。

怀特： 我们比较了一下贵公司的干燥机与其他公司的干燥机，我们觉得，贵公司产品提供的性价比最高，对于环境的影响也是最小的。

田村： 谢谢您的高度评价。这是因为我们公司的技术水平在业界是出类拔萃的。这正是我们公司的优势之一。

怀特： 我们对贵公司的产品十分满意，想推进这项投资。不过，只有一个问题，我们有预算上的限制。说实话，我们只编制了相当于贵公司所出价格 85% 的预

算。贵公司能再想想办法吗？以便我们可以购买贵
公司的产品。

田村： 明白了。对于需要我公司产品的客户，我们随时愿意
提供协助。不过……15%可是不小的金额。我不知道
我们能不能降价那么多……

怀特： 贵公司一定可以做到的。我们确信贵公司的产品是最
好的产品，可是我们真的无法再争取更多的预算了。
预算控制得实在太严格。您能再帮着想想办法，让我
们可以购买贵公司的产品吗？

田村： 我个人是很想帮您这个忙的，可是15%的折扣真的特
别困难。

怀特： 那您最多能帮我们优惠多少呢？

田村： 嗯……也就5%吧，这是最大限度了……

怀特： 求求您帮帮忙。我们已经决定要购买，等于您已拿到
了订单。接下来就全看您的了。

田村： 嗯……降价10%已经尽了全力，再没有降价余地了。
再降的话我们就没的可赚了。

怀特： 是吗？你们在原来价格的基础上降价 10% 就太好了。就这样定了。下周就可以签合同吧？

田村： 咦？可是……你刚才不是还说你们公司预算控制得很严吗？

问题出在哪里？

开始的时候田村受到对方夸奖，心情不错。可是，最后问题却变得严重了。他在应对"预算只有这些"战术的过程中，失败的原因在什么地方呢？

× 过分陶醉于对方的溢美之词

就算知道是恭维，也有必要对对方的赞赏表达谢意。可是，受到赞美以后就忘乎所以可就难办了。真希望他能够冷静对待。

√ 不能轻易接受对方的"抬举"

我在本书中论述过，在建设性谈判当中应该克制情绪化反应。前面还讲过，对对方高压且情绪化的发言不应该做本能反应。同时，前文也提到，克制自然感情绝非易事。事实上，不只是对挑衅性的发言，对于溢美之词同样需要采取此态度。我们需要时刻牢记，不能被对方的恭维和华丽辞藻吹捧得飘飘然忘乎所以。这是出色的谈判者需要具备的自律精神之一。有时候，比起高压式的发言，溢美之词应对起来更为棘手。

× 变得过于宽容大度

田村在心情愉悦地享受对方的赞美之词时，他的防范意识好像一下子松懈下来。对于对方"能拜托您帮帮我们吗"的恳求，他变得过于宽容大度。

√ 不轻易被同情和热心所左右

面对别人的求助，想伸出援手，乃人之常情。话虽如此，在此需要具备不轻易被同情心和热心所左右的态度。我不是说不能同情别人或者不能抱有热心肠，而是希望读者朋友要冷静地分析形势。确实，决定预算额度的或许不是谈判者本人。就算如此，做出该决定的最终还是对方，应该不是第三方，不要忘记他们是同一团队里的成员。

× 没有对预算额度进行测试

此外，田村犯了谈判技术上的低级错误，即他没有对对方所说"预算有限"是否属实进行测试。这不是是否相信对方的问题，而是应该考虑的基础问题。"即使信任也需验证"这句口号不只适用于外交领域，商务谈判当中同样如此。

√务必要测试对方的预算上限

要应对"预算只有这些"战术，第一步就是测试对方预算的上限。在此基础上不能轻易降低价格，而应该首先花时间解释我方价格的合理性。一家著名且口碑很好的美国跨国企业一直在向全世界宣称"价格绝不能降"！说的就是要以对客户而言适合的价值来竞争。

× 谈判陷入只关注价格的误区

怀特的请求在不知不觉间变成了对田村的压力。结果问题集中在了降价上，没能展开建设性谈判最基本的做法，也就是未能摸索提高双方满意度的方案。

√摸索预算范围内的最佳方案

如果客户的预算不灵活（当然是向上增加的），那么在预算范围内研究最佳方案才是最好的谈判方式。因此，应该在相信"提高双方满意度的交易和方案肯定存在"的基础上，一边弄清楚对方的目的、兴趣点及其优先顺序，一边将谈判内容扩展到价格以外的要素中去。

成功案例 以预算底线为由要求对方妥协之战术

怀特： 上周非常感谢。您的介绍太精彩了。大家都对贵公司的产品非常满意。我们感觉，应该购买贵公司的产品。

田村： 是吗？谢谢！您能给我这么高的评价，我很高兴。

怀特： 我们比较了一下贵公司的干燥机与其他公司的干燥机，我们觉得，贵公司产品提供的性价比最高，对于环境的影响也是最小的。

田村： 承蒙您的夸奖。我们的技术实力正是我公司的强项之一。

怀特： 我们对贵公司的产品十分满意，想推进这项投资。不过，只有一个问题：我们有预算上的限制。说实话，我们只计划了相当于贵公司所出价格 85% 的预算。贵公司能再想想办法吗？以便我们可以购买贵公司的产品。

田村： 我明白了。那是当然了。要找到完全没有预算限制的客户太难了，当然我们公司也是一样。

* 不上对方赞美之词的当，正在冷静地评价对方。

怀特： 您别那么冷淡好不好？您能帮我们想想办法吗？我们确信贵公司的产品是最好的，不过真的是无法再争取到预算了。预算控制得实在是太严格。您能再帮我们想想办法，让我们可以购买贵公司的产品吗？

* 这是惯用辞令。最好不要直接回应这种挑衅。不去理会就好。

田村： 如您所知，从长远来看，我们的产品将提供最高的价值。在这一点上，很多顾客都会赞同我们的主张。再进一步来讲，我们报的价格是再也没有降价空间的最低价格了。降价 15% 是不可能的。不过，我明白贵公司的预算控制得非常严。您看这样如何？咱们一起考虑一下克服这一预算限制的替代方案怎么样？一定可以想出更好的方案。

* 不被对方提出的请求所左右，而是努力确认自己公司产品的质量。主张价格的正当性非常重要。

* 在对对方预算限制表示理解的基础上，提议共同努力以提高彼此满意度。从正面对此提出反对意见应该很困难。

怀特： 是啊，明白了。那咱们试试吧……

谈判技巧补充知识

计算好风险的僵持战术

谈判中没有比僵持更令人头疼的事情

在谈判过程中，没有比双方僵持不下更让人头疼的事情了。挫折、焦虑、不安、丧失自信、愤怒等，是所有心理压力的源泉，这将造成谈判僵持不下，停滞不前。很多情况下，僵局距离谈判破裂仅一步之遥，会导致谈判者的信心受损。不仅如此，僵持局面如果给整个谈判进程造成损害，还有可能发展成为整个组织的问题。

冷静分析僵持局面

有时，谈判推进方式存在的明显问题会导致僵局。这时，需要努力以实现建设性谈判为目标，防止不必要的僵持局面出现。即便如此，僵局也会频频出现。不过，在谈判陷入停滞后，有时形势一变，双方互相让步的情况也会发生。

僵局带来的效果

僵局也会带来效果，这是对双方立场灵活性的严酷的测试。谈判双方在谈判破裂可能性逐渐增大的过程中，将就是否让步重新做出重大的决策。也就是说，双方都在重新斟酌假如谈判破裂接下来如何应对。并且，僵局还会向双方各自的团队发出诸如"我们的期待值未必现实""可能有必要重新考虑"的强烈信号，从而使双方下调各自的期待值，使谈判顺利进行。

僵持战术也有可能存在

如果僵局能测试对方的立场，那么作为战术加以运用也是可能的。能够承受僵局战术风险的谈判者及其团队，就可以对对手步步紧逼，迫使对方下调方案，进而拥有更大的谈判筹码。不过不要忘记，僵持战术存在巨大的向下风险，也就是谈判破裂的风险。僵持战术能否成为一个选项，需要综合考量对方让步的可能性有多大、会做出哪些让步，还有己方谈判破裂后的应对方案，然后做出判断。切记绝不能轻易使用这一战术。

运用既成事实强迫对方让步之战术
木已成舟，只好委屈你了

→关键点

- 宣称"已经定好了，希望你这样做"，不给对方留
  有选择余地。

- 利用人们不想颠覆既成事实以免造成麻烦的心理。

- 规避的诀窍在于，一边回避正面冲突一边摸索不
  伤害对方面子的替代方案。

以既成事实为由不给对手选择的余地

所谓"运用既成事实强迫对方让步"，指的是声称已经公布了某件事情或者某件事情已经定了下来，然后提出"希望你能这样做"的要求。也就是说，告知对方事情已经发展到了没有其他选择的地步，所以"希望你这样做""你只能这么做"，从而将对方逼到墙角，这是一种半胁迫式的压力战术。例如，营业部门向生产部门提出要求称"我们已经告知用户了，所以你们必须在 × 月 × 日之前交货"；策划部门要求营业部门"我们已经获得了总裁的同意，希望你们接受削减成本的要求"等。这些都是在很多场合常见的战术。

制造没有退路的状况，强行要求对方配合

此种战术之所以有效，原因非常简单。首先，对方会制造出没有退路的事实。然后以没有其他选择为由，强行要求对方配合。不过，实施这一战术时，谈判者采取的未必是高压语气。对方非常郑重其事且十分平静地提出要求的情形也不在少数。然而，其本质都是一样

的。也就是以既成事实和没有选择余地为由向我方施加心理压力。

此种战术巧妙地利用了人们一般"不想把事情搞砸"的心理，也就是说，只要从正面进行反驳，就只能颠覆既成事实。一旦这么做了，就会打破某种稳定的状态，掀起风浪，从而把事情搞砸。谁都不愿意主动成为麻烦制造者。这种战术就是利用人的此种心理加以扰乱，使其忍气吞声地接受的战术。

回避正面冲突，摸索替代方案

应对这种战术的基本态度是，冷静应对，拒绝忍气吞声，且不鼓励发生正面冲突。一旦从正面与对方发生冲突，对方会在越发坚持自己立场的同时，认定其做法的正当合理性。己方就有被贴上"把事情搞砸的麻烦制造者"的标签的危险。此时只有强忍住，一边向对方表示理解，一边寻找可以保全对方面子的替代方案。

失败案例

运用既成事实强迫对方让步之战术

奥村是一家大型综合企业主管事业部的副总裁，她正在和指导全公司经费削减工作的财务董事田中开会。

田中： 奥村小姐，为了调整公司整体业务，咱们雇用了费城咨询集团（PCG）的事你知道吧？他们结束了为期6个月的调查，已经向董事会提交了最终建议书。

奥村： 我知道啊。因为费城咨询集团也到过我们事业部。他们和员工交谈了好几个小时呢。对了，他们提交了什么样的建议书？

田中： 他们建议，明年应该将经费一律削减20%。董事会同意了。董事长兼首席执行官杰克十分赞成。

奥村： 你说什么？一律削减20%？你为什么没有阻止?！

田中： 你也站在我的立场上想想。我只是一个负责财务的董事。我一个人根本不是董事会的对手。这你还不明白？为了供你参考，我也告诉你一声，我跟别的事业部的副总裁们说，你非常愉快地赞成了这个削减20%的建议。

奥村：你这是要干什么?! 这种事亏你做得出来! 太过分了! 你真卑鄙! 我简直恶心得要吐了!

田中：我实在没别的办法。我也是被逼到墙角，被迫做出了残酷的选择。为了让其他人也能接受，我只好对他们说你接受了削减方案，然后大家就接受了。

奥村：我绝不能接受。

田中：你闹也没用。因为我已经把你接受方案的事对董事长还有董事会成员们都说了，大家都很满意。

奥村：喂，你开什么玩笑啊! 你怎么连这种事都能做得出来?!

田中：要解决这个问题，只有一个特别简单的方法。

奥村：你说该怎么办?

田中：你同意削减方案就行了。你也不想得罪董事长和董事会吧? 你根本没有选择。

奥村：（叹了口气）气死我了……可是一点儿办法也没有啊……

问题出在哪里？

事情变得越发糟糕了。田中采取了利用既成事实的卑鄙策略。在这场交锋中，我们可以找出奥村哪些值得改善的地方呢？

✕ 被既成事实的重压压倒

非常令人厌恶的信息以快节奏一个接一个传到奥村的耳朵里。首先是一律 20% 的经费削减，还有田中说对事业部其他副总裁们说她很高兴地赞成了该方案。再有就是田中说，已经对董事长和董事会成员说了奥村已经接受了削减方案。巨大的打击接踵而来。应该说，这些信息足以让奥村失去理智。

√ 保持冷静，但不能忍气吞声

面对"已经对外公布了"的战术，感到自己被不正当手段逼得走投无路的时候，不应该就这样接受对方的要求。不管对方如何单方面地强加于己，只要自己不同意，谈判就并未结束。没必要情绪化地喋喋不休，而应该郑重地告知对方，自己无法接受。此时保持冷静十分重要，注意不要被既成事实的重压压倒，这是出色的谈判者在这种极限状态下必须做到的。

× 从正面对对方进行批判

被严重事态压倒后，奥村表现出情绪化的反应。这也是难免的。可是，由于她从正面对对方进行了批判，导致田中声称"因为没有别的办法了"，只好专注于强调自己行为的合理性。可以说，奥村打破现状的路被封死了。

√ 应该回避正面冲突

一旦受到"已经对外公布了"战术的攻击，我们无论如何都想谴责造成这种无法挽回的既成事实的人。此时，明智的谈判者应该避免与对方发生正面冲突。在法庭和辩论大赛上，法官和裁判员会从第三方立场做出最终判断。然而谈判不同，因为双方都有根据自己意志做出决定的权利，谴责这一意志决定者并非上策。不过可以把自己现在被逼到何种困境这一真实感受告知对方，在不谴责对方的条件下表达自己的意志。

× 没有寻找替代方案

奥村在被既成事实压倒后，从正面对田中进行了谴责，结果使打破现状变得越发困难。同时，由于缺乏冷静，所以她接受了对方带有胁迫意味的"没有其他选择"的说法。没有寻找替代方案或许也是没有办法的事情。

√ 对对方表示理解

应该努力表示对对方造成既成事实的行为表示理解。有人可能会觉得"仅仅让我忍住不谴责对方就已经够不容易的了，还让我对对方表示理解，根本不可能"。可是，这也只是表示理解，并不代表接受。理解与接受是不同的。对对方的行为表示理解，可以使对方更容易接受我方提出的替代方案。

√ 摸索可以保全对方面子的替代方案

替代方案必须能够保全对方的面子，否则对方会拒绝接受。就像我们不希望被逼到走投无路一样，对方也不希望如此。我们的最终目的在于打破现状，摸索出更好的方案。因此，我方不应该谴责对方，而是反过来应该让对方也协助自己打破现状，这才是上策。

　　退一万步说，如果非要谴责对方，那就在打开局面以后再慢慢谴责吧，打破现状才是首要任务。要做到这一点，很多情况下需要对方的配合。

成功案例

运用既成事实强迫对方让步之战术

奥村： 费城咨询集团也到我们事业部来了。他们询问调查了好几个小时。最后他们提交了什么样的建议书？

田中： 他们建议，明年应该一律削减经费20%。董事会同意了。董事长兼首席执行官杰克十分赞成。

> *一律削减的想法很多时候都称不上明智之举，多数情况下是为了回避对事物分出轻重缓急。

奥村： 真的吗？一律削减可不是容易的解决之策！你肯定反对了吧？和董事会对着干肯定很纠结吧？

> *不被既成事实压倒，而是变得很冷静，不是责备对方，而是表示理解。此处不正面谴责对方，而是在感情上分享其感受，让对方敞开心扉。

田中： 还行吧。不过，我也只不过是一个负责财务的董事而已。我个人在董事会面前就不值一提了。可是现在再说什么也没有用了。我只有执行的份儿。

奥村： 是啊，你也不容易。

田中： 对了，我和其他的事业部副总裁说了，你非常愉快地赞成了这个削减经费 20% 的方案。

奥村： 是吗？你说了这种话……你肯定也是无奈之举。其他副总裁是什么反应？

* 此处也能看出，她有相当的忍耐力，正在冷静地收集信息。

田中： 他们看你都接受了，也就表示没有办法，很不情愿地接受了。所以……那个……董事长杰克和董事会成员也都以为你接受了削减方案呢。

奥村： 你说他们也这么认为了？这下子可麻烦了。今年我是无论如何都不会接受 20% 削减额度的。现在正在推进的项目可是至少还需要提供几个月的资金呢。明年削减 20% 的经费是绝对不能接受的。

* 没有直接责备对方，而是坦率地告诉对方自己的感受。这样一来，田中就被夹在中间了。

田中： 没有其他选择了吗？你肯定也不想触杰克和董事会的霉头吧？

奥村：　那当然了……所以才需要你的帮助啊。如果废止不重要的项目，本年度削减经费 20% 是可能的。明年如果这个项目运转起来，就能够削减 30%。这样平摊下来，一年应该能够削减 20%。你去和杰克说说看，就说你和我之间稍稍存有误会，我接受的不是一年削减 20%，而是跨两年均摊下来的额度。我来负责向杰克解释这项计划。所以，你肯定会支持我的，对吧？

* 在摸索如何打破现状的过程中，保护对方面子的同时寻求对方帮助。在此基础上提出了替代方案。

田中：　明白了。这么点小事我还是愿意效劳的。谁让我欠你的人情呢！

谈判技巧补充知识

如何明确向对方表达主张

在谈判中，为增进对方对我方的了解，我方做到条理清楚非常重要。要做到条理清楚就需要践行以下三个原则：首先，明确主语和谓语；其次，在将多个句子串起来的时候，要使用逻辑副词，使各信息之间的关联更为明确；最后，努力避免抽象概念，表达要尽可能具体。

明确主语和谓语

尽管这一点极其简单，但明确主语和谓语的重要性确实无论怎么强调都不为过。日常生活中的对话经常省略主语，容易造成意想不到的误解，所以需要注意。根本问题在于主语的内容。就算谈话中包含"我们""你们"之类的主语，可是具体指的是谁，很多情况下并不清楚。所以，我们不能笼统地认为只要存在主语就可以了。

使用逻辑副词，将观点明确地串起来

要使自己的观点条理清楚，下一个关键点在于，在连接不同信息也就是句子和句子的时候，要明确句子间的关系。

避免抽象概念，采用具体的表述方式

要使自己观点条理清楚，第三个关键点在于，尽可能使用具体的表述方式，尤其需要注意避免滥用抽象概念。常见的商务表达方式有"重新构建""重新审视""合理化""增强""增大""推进"等。这些表达方式用起来顺手，但反过来却也让人难以联想到具体的形象。比如，要对"我公司应改善营销机制"提出反对意见恐怕很困难，因为根本无法进行具体的想象。这种情况不仅限于商务用语。比如，"我很难过"与"我就像心脏被剜了出来一样难过"相比，传递出来的效果就完全不同。在表达自己思想的时候，尽可能运用能让人联想到具体形象的表述方式将更为有效。

谈判过程中也罢，日常工作中也罢，希望大家平时能够将上述三个原则牢记于心，努力用超越所用语言的明确的表达方式表达自己的观点。

以电话进行奇袭之战术
喂？这件事就麻烦你这么办吧

→关键点

- 这种战术是对方利用电话单方面喋喋不休地向我方提出要求。

- 电话突袭这种手段对打电话一方有利，所以在自己准备好之前不进行谈判是铁律。

- 首先，仔细倾听对方所述事项，在此基础上简单而郑重地表明现在不方便交谈的理由，随后挂掉电话。完全准备好以后，主动给对方回电话即可。

利用打电话一方有利地位的谈判战术

忽然接到客户打来的订货电话，海外分部突然打电话要求出差，正开会时其他部门提出紧急协商等情况，普遍存在于商务谈判中。

"以电话进行奇袭之战术"不管打电话一方是否意识到，都是使用电话单方面喋喋不休地提出要求，并在电话交谈中结束谈判的战术。

电话这种沟通手段本质上来说是打电话一方处于优势地位。"以电话进行奇袭之战术"从结果来看，就是打电话一方利用了这种优势地位的扰乱战术。

看准对方准备不足的奇袭战术

我们思考一下打电话一方的优势地位。对于接电话一方来说，并不知道电话什么时候打过来，也不知道谁将打来电话，更不清楚电话内容。相比之下，打电话一方能够自己决定什么时候打这个电话，还能决定打给谁，决定在电话里说些什么。总之，打电话一方可以事先做好准备。反过来，接电话一方则是在准备不充分的条件下突然被迫应对谈判。因此，这根本谈不上是对等关系。

准备结束之前不与之谈判，此为铁律

在建设性谈判的必备要素中我们讲过，要注意进行充足准备。在打电话一方处于优势地位的电话谈判中，接电话的一方就无法做准备。所以，应对电话谈判的基本态度就是拒绝。很简单，那就是不参与没有准备好的谈判。

不过，此处并非建议大家遇到这种情况直接说"我绝不会在电话里谈判，再见（咔嚓一声挂断电话）"。我们需要郑重并简单地告知对方现在无法与之交谈的理由。还有，不能马上挂断电话，而是要把事情听仔细了。接下来做好准备以后，再主动给对方回电话即可。

以电话进行奇袭之战术

泷泽是一家经营工业用润滑油的石油公司的销售人员。他正赶着写一份马上就要提交的内部报告。这个时候，重要客户大石打来电话。

泷泽： （正在混乱不堪的桌子上用电脑工作。电话铃声响起。不情愿地拿起听筒）你好，我是泷泽。

大石： 啊，泷泽先生，我是 IMM 公司的大石。

泷泽： 啊，您好！一直承蒙您的关照。您是要订货吗？

大石： 嗯。我现在急需高纯度的润滑油 5 罐，低纯度的 30 罐。我们之前对库存水平估计得好像过于乐观了。

泷泽： （焦急地找写字的笔，结果没找到）高纯度的润滑油 5 罐和低纯度的 30 罐是吧……我明白了。

大石： 然后，中等纯度的 40 罐，超高纯度的也来上 50 罐。可以吗？

泷泽：

（从文件堆下面找到了笔，可是却找不到记录用纸）中等纯度 40 罐，超高纯度 50 罐，对吧？（这时同事过来说老板马上要见泷泽，因此受到影响。用手捂住话筒，对同事说："你先帮我跟老板说一声，说我马上过去。"）

大石：喂喂喂，喂喂喂，喂喂？

泷泽：

好的，我在，我在。刚才失礼了。

大石：一共大约多少钱？我订这么多，你应该可以给我打个 5% 的折扣吧？

泷泽：

（终于在文件堆里把便笺纸翻了出来）……嗯，好的……（这回开始找计算器。）

大石：啊，算了。我已经算好了。2 850 万日元。你们能在下周四之前给我们送到吧？不行，还是周三下午吧。能送到吗？

泷泽：

（手忙脚乱地）嗯，这个嘛……

大石：对了，要是用我们自己的卡车去取，你们给便宜多少？

泷泽：

嗯，这个嘛……（价格表也找不着）

大石： 5%？还是 10%？

泷泽： 可能是 5% 吧……

大石： 好吧。我们周五之前去取。那就拜托了。（挂掉电话）

泷泽： 周五……他说来取什么来着?

问题出在哪里？

这是一个冷不防接到的内容复杂的订货电话，泷泽因此陷入一片混乱。他在应对电话突然袭击中出了哪些问题呢？

✕ 对方单方面地说个没完没了

大石单方面地说个没完，泷泽没能跟上他的节奏。泷泽头脑中想的都是之前一直在专心写的报告。对方出乎意料地打来电话，讲的内容又非常复杂，因此，泷泽不可能跟得上，他还完全没有做好准备。

✓ 要认识到在电话中不适合谈判

在考虑电话谈判战术的应对之策时，我们有必要对其特征有一个充分了解。首先，电话谈判中打电话一方处于优势地位。其次，用电话交谈会有在短时间内必须结束交谈（谈判）的压力。30 分钟的谈话一般可以称为长电话了。那么，30 分钟的谈判怎么样呢？绝对算不上长，相反，还很短。再次，电话中经常会发生错误和遗漏。关于这一点，只要考虑到要在没有做好准备的同时必须在短时间内拿出方案，这也就是极其正常的事了。

√不进行没准备好的谈判

对于打电话一方占优的电话谈判，基本态度是予以拒绝。具体做法是，首先应该郑重而简明地告知对方自己现在不方便说话的理由，然后暂时挂断电话，准备好了以后再与对方谈判。现在不方便说的理由很多，比如可以说"我现在正要出去""正好一会儿要开会""现在正在会客中"等。

√在问完对方想要什么以后挂断电话

聪明的谈判者为便于做准备，首先会仔细问清楚对方想要什么，了解情况后暂时把电话挂掉。即使根据主观臆测做了准备，如果猜错了的话，给对方回电话时也会和完全没有准备好一个样子。

×会话被第三方强行打断

此外，会话还被第三方打断了。这就更增加了压力，所以也就越发手忙脚乱了。

√把自己隔离起来

不得不用电话进行谈判的时候，应该排除周围的干扰，避免注意力分散。例如把自己关在会议室里就非常有效。

× 没有准备记录工具和计算器等小工具

在混乱的桌子上办公的泷泽为了找记录工具和计算器费了很大力气。虽然只是小事，但这却成为助长其紧张和慌乱情绪的重要原因。

√必备物品应提前准备齐全

平时我们就应该想到会突然接到电话，不得不接受订货等，所以要事先准备好可能需要的物品。一边握着话筒一边寻找各种用品的情况最妨碍注意力集中了。除了必需的文件以外，电子计算器、笔、记录本、日历等是应该事先备好的固定物品。

× 在压力作用下忘记进行确认

由于焦急慌乱，结果泷泽疏忽了对谈判方案的确认。这样一来，连自己最后做出了让步都不知道。这可是低级错误，也是电话谈判中常见的失误。

√无法回避的情况下，在缓慢谈判基础上最后进行确认

　　首先应该保持冷静，不向压力低头。如果遇到无论如何都挂不了的电话或不得不与之进行的谈判，请一定记住，为了避免草率达成协议或者做出巨大让步，应该缓慢地与对方谈判。并且在电话谈判结束后，为了回避听错或者记错，一定要用传真等形式确认协议事项。

成功案例

以电话进行奇袭之战术

泷泽： 啊，您好！一直承蒙您的关照。您是要订货吗？

大石： 嗯。我现在急需高纯度的润滑油 5 罐，低纯度的 30 罐。我们之前对库存水平估计得好像过于乐观了。

泷泽： 我明白了。您急需订货是吧？实在非常抱歉，我可以 10 分钟之内给您打回去吗？

*认识到对方有重要事情，有利于让对方获得满足感，对于推动谈判进行有积极作用。

大石： 咦？你现在不方便吗？

*他应该在一瞬间想过就这样和对方继续谈下去，但最后成功控制了这种冲动，选择给对方打回去这个选项。

泷泽： 实在对不起。我肯定在 10 分钟之内给您回电话……

大石： 好吧，那就 10 分钟之内等你电话。

泷泽： 喂，请问是大石先生吗？非常抱歉，让您久等了。刚才您说您要急着订一批货是吧？刚才您在电话里说，急需高纯度润滑油 5 罐和低纯度的 30 罐，没错吧？

> 泷泽马上停下手里正在写的报告，开始收集稍后与大石谈生意所需的材料。材料找齐以后，来到小会议室，拜托助理不要让任何人过来说事情。他简单回顾了一下 IMM 公司的业务内容以后，开始给大石回电话。

大石： 是的。还有中等纯度的 40 罐，超高纯度的 50 罐。记好了吗？

泷泽： （一边做着记录）没问题。中等纯度的 40 罐，超高纯度的也需要 50 罐……我记下了。

大石： 加起来一共多少钱？我买这么多，你能给我打个 5% 的折扣吧？

泷泽： 没问题。嗯……一共 2 850 万日元。

大石： 没错，和我算的一模一样。还有，你们能在下周四之前送到吗？不行，还是星期三下午之前吧。能送到吗？

泷泽： 没问题。下周三下午之前给您送到。

大石： 对了，如果我们自己派卡车去取的话，能给我们便宜多少？

泷泽： 那样的话……（查阅价目表）……贵公司的卡车自己来取的话给您便宜 3%。

大石： 才 3%？那就算了。

泷泽： 明白了。安排正常配送……您要的就这些吧？

大石： 嗯，全部就这些。

泷泽： 明白了。我会马上给您发去确认的传真。谢谢您致电我公司！

* 协议的确认是电话谈判的铁律。比起口头重复确认，能够留下有据可查的传真和电子邮件更好。

大石： 彼此彼此。那就拜托你了。

谈判技巧补充知识

能否识破对方战术成为自我防卫的关键

如能识破战术，可保持冷静

在所有的谈判战术中，情绪化的发言也罢，溢美之词也罢，既成事实也罢，竞争对手也罢，总之都是利用所有压力扰乱对方的心理。所以，应对所有谈判战术最基本的是避免在心理上遭到扰乱。总而言之就是不能失去冷静。人的心理被扰乱并失去冷静的根本原因在于，无法理解进入大脑中的信息，以至于无法把握状况。要想保持冷静，就要学会看穿对方的战术，也就是说，归根结底无非是要能够看清楚状况。

最终目标在于双方满意度均有所提高

在不被对方扰乱、冷静应对的同时，还有一点非常重要，即要引导谈判朝着提高双方满意度的方向发展。那种人若犯我、我必犯人的"以牙还牙"的战术应该回避。谈判不是辩论。不要忘记，对方也有决定权。不过，不攻击对方并不是要接受对方不讲理的战术，而是应该显示出坚决不接受对方无理要求的态度。在此基础上，引导谈判向着以双方兴趣点和利害关系为基础并摸索出方案的方向转换，这种努力非常重要。此时，还要在熟知自己的谈判破裂时的替代方案基础上，通盘考虑是否让步，从而推动谈判向前发展。不管怎么说，如果方案不如自己谈判破裂时的替代方案，那么自然也就失去了达成协议的意义。

战术一旦被识破也就无计可施了

很多情况下，对方在运用战术时并没有意识到自己运用的是何种战术，大部分情况是在反复运用屡试不爽的做法。如果对方有意识地运用某种特定的战术，那么戳穿该战术，其效力也就消失了。这样一来，对方也就不得不放弃使用该战术了。假设对方没有意识到自己的战术，只要识破其战术并指出来，也应该可以产生同样的效果。

　　只是，正如前文反复强调过的那样，在就对方战术合理性提出质疑时，不能猛烈谴责对方，而是应该顾及对方感受，告知对方自己被逼到走投无路的真实情感。在引导谈判朝着建设性的方向转变时，避免使对方立场陷入僵化也非常重要。

第 3 章
让协商进行得更加顺利

- 本章将对上一章未曾提及的谈判心理进行讲解。
- 谈判是人和人之间的沟通方式之一。当然，掌握基本的技巧非常重要。不过，谈判中还涉及形式上的技巧之外的心理因素。
- 通过事先了解这一部分，使达成富于建设性的谈判成为可能。

优秀的谈判人员必须具备什么样的能力？

出色的谈判者必须深谙建设性谈判的基础，并且必须具备出色的沟通能力。此外，分析问题的能力、提取问题的能力、确定替代方案的能力也很重要。还有，不只对外，在自己所属的团队内部具备谈判力也很重要。

在分解复杂现象基础上把握要素间的关系——分析能力

分析问题的能力指的是将复杂的现象分解成有意义的"集合"，在此基础上进行结构性的把握，并弄清各个要素之间的关联能力。或许习惯置身于模糊的感知的状况，很多职场人士在"彻底将事物分开观察"方面的训练并不充分。

区分各种事物以后，还需要分析各要素之间是如何关联的，这就需要谈判者具备判断各个要素之间是因果关系还是从属关系的能力。

抓住本质——问题提取能力

对问题整体进行结构性的分析以后，解开诸多要素中哪个是问题本质的能力将受到考验，这就是提取问题的能力。也就是说，在各种错综复杂的条件下，提取出必须拿出结果的真正的问题。

提高彼此满意度的解决之策——确定替代方案的能力

问题本质明确以后，接下来就需要提出解决之策。此时重要的是要提出多个替代方案，从中选取最好的方案。切勿匆忙认定"仅此一个方案"，这不是聪明的谈判者应该有的思维方式。

下面讲一个我个人的失败经历。那是我前往一家企业做演讲时发生的事情。由于是下午的演讲，我想在那之前吃午饭，于是走进了该公司的内部食堂。可是，该食堂里竟然只能用员工卡，现金完全用不了。作为自诩经验丰富的谈判者，我可不能就简单地说"哦，是吗"然后转身离开。虽然我对对方解释说"我是讲师""肚子饿了"，但由于系统原来设计的就是不能收现金，所以店员也束手无策。当时我只想到了"让他临时将我当作公司员工对待""支付双倍价钱"等并不现实的替代方案。结果只能空着肚子进行演讲。饿肚子的情况下果然想不出好主意。

演讲开始以后我才忽然意识到原本存在简单可行的替代方案，比如我拜托公司职员，请其用工作卡帮我买好，我付现金给他就可以了。可是事已至此，悔之晚矣。

身边就有谈判对手——团队内部的谈判力

最后还有一点，就是出色的谈判者在自己所属的团队中也要具备谈判力。最困难的谈判对象不是公司以外的人，很多情况下恰恰是自己团队中的人。能够对外进行谈判的人才，也是在公司内部善于谈判的人才。

明确勾勒出对方在意重点的 SCQA 分析

　　本书将谈判定义为"达成提高彼此满意度的方案的过程"。在此种谈判中，最重要的是"弄清楚对方在意的内容和重点"。下面向大家介绍可使对方对于谈判时的提案的疑问更为具体地突显出来的方法，即 SCQA（situation，complication，question，answer，分别意为背景、冲突、问题、答案）分析法。

　　此种方法是管理咨询顾问想要弄清楚客户疑问时常用的手法。在谈判当中，这也是在观察对方关注事项方面非常有用的工具。

首先需要明确对手是谁

例如，假设你是某家大型公司企划部门的业务员，并且假设你是负责让各个事业部主管同意引入新的事业部评价办法的谈判者。SCQA 分析法的第一步是准确确认谈判对手是谁（最终的决策者是谁）。

背景——设想谈判对手迄今为止的状况和将来的理想结果

接下来考虑对手的背景。这一步旨在明确谈判对手迄今为止的现状及其想要的最好结果。例如"用以往的评价方法获得高度评价，顺利地提升规模和业绩"等。

冲突——思考颠覆现状并使之变得复杂的因素

下一步，思考颠覆上述现状和理想结果的冲突。上面例子中的冲突是"企划部门正在推动引入新的事业部评价办法"。

问题——设定此时涌上心头的疑问

在设想了颠覆背景的冲突以后，接下来思考对手抱有的问题，也就是思考对方在安稳的现状遭到了破坏这一情况下，会抱有什么样的疑问。如果是现在设想的背景和冲突的话，对方有可能会对其必要性抱有疑问——"为什么现在要引入新的评价办法？"另外，"事业部主管的权限会不会减少""会不会增加人员负担""将如何运用新评价办法进行实际评价"等问题也有可能存在。实际上，这些不仅是对方的疑问，同时也是重要的兴趣点。

答案——思考如何直接回答对方的疑问

所以，在开展引入新的事业部评价办法的谈判时，你必须事先准备好应对事业部主管提问的答案，否则事业部主管恐将对这件事面露难色。因此，必须准备好明确的观点和论据，例如"与以往的评价办法相比，新的评级办法更好""事业部主管的权限没有变化""仅需最低限度增加人员负担即可"等，在此基础上再前往与其谈判。

为了提高双方的满意度，也许最后多少有必要进行一定的修改。可是，通过进行本质不变的些许修改，获得对方对引入新办法的支持，应该比不做任何修改就强行实施的实际效果好得多。

在旨在提高双方满意度的谈判中，我们需要充分留意彼此的兴趣点，活学活用 SCQA 分析法。

谈判人员个人的面子问题

无论是东方还是西方，谈判中保全对方面子都是铁的法则。没有人喜欢自己的自尊心受到伤害。

通常来说，谈判者代表两方面因素。一方面是代表某一组织，谈判者对谈判结果在团队内部获得何种评价很感兴趣。另一方面代表谈判者个人，谈判者会关注在取得结果的过程中，自己和他人是如何评价自己的。

任何人都愿意让他人认为自己是前后一致、公平公允并且合情合理地处理问题的，这不仅关乎自尊心，还关乎他人对自己的高度评价。如果忽视了对手的面子，就别指望可以进行建设性谈判。

损人面子导致谈判陷入僵局

这是我 20 多年前的失败经历。我当时是石油批发公司的新业务员，被安排与承包加油站的某个代理店的店主就批发商拥有的加油站使用费上调事宜进行谈判。这位店主当时 70 岁，"二战"以后白手起家，经营着包括我们公司拥有的加油站在内的多家加油站，是一位身经百战的经营者。在与他进行使用费上调 3% 的谈判过程中，我把批发商已经盖好章的合同书拿给他看，要求这位店主在上面盖章。但我当时考虑得太轻率，以为"才上涨 3%，对方应该会顺利接受"（现在回过头来看，这是一种没有谈判余地的利用既成事实让对方让步的战术）。对方规模虽然不大，但是当然也有作为出色经营者的自尊心。我损害了对方的面子，结果导致使用费上涨的谈判陷入僵局，最后不得不陪着上司一同前去道歉才解决此事。我作为业务员的面子也受到了损害。

认识到对方也有决策权非常重要

在谈判当中，必须尊重对方的个人感情和声誉。

有一种意见认为："我知道对方有其个人无法让步的地方。不过忽视对方感受有什么不可以呢？只要在讨价还价中取胜不就行了吗？"在某种情况下，可以说这种想法是正确的。比如，在法庭或者辩论比赛中，法官和裁判会从第三方的立场为我们做出最终判断。所以，可以说只要驳倒对方的观点就可以，没有必要特别关注对方的感受。

可是谈判则有所不同。在谈判当中绝不可以忘记的一点就是对方也有决策权。也就是说，有必要认识到若对方不同意，谈判就将破裂这一事实。所以，重视对方作为决策者的个人感情是必不可少的。当然，我并不是说要避免与之讨价还价。

要创造便于对方改变立场的环境

特别是在反驳对方观点的时候或者在敦促对方转换立场之际，注意不要触犯对方的感情，这是关键。例如，采用"您的这种意见我也非常能够理解。同时，您看我们是否还可以这样看待问题呢"等方式，提供不同的视角。以"如果考虑……这一点的话，这种观点也是成立的"等形式，通过提供补充信息和理由，介绍不同的结论。以"一般来说或许是那样，但是从这件事的特征来看的话……"等话语，边肯定对方边提供个别方案，给出不同解释。以上表达方式都考虑到了对方在改变立场的时候使其保持前后一致的作风成为可能，使其自尊心不会受到伤害，并且不会受到周围人的批判。为了创造便于对方改变立场的环境，也应该具备保全对方面子的态度。

形成融洽关系是达成协议的润滑剂

无论在谈判中还是在一般沟通当中，通常，为了使谈判或沟通顺利开展，与对方投脾气非常重要。因为脾气相投不仅有利于消除对方的戒心，同时还可以期待对方防卫本能的下降。这样一来，对方被说服的可能性将会提高，容易接受我方观点，达成协议。在精神分析学当中，把投脾气称为"形成融洽关系"。当然，并非仅仅依靠亲和力就能解决所有问题。可是，有无融洽关系，对谈判进程会有巨大影响，这也是事实。

以"照镜子"为主轴的神经语言学中的融洽关系

与对方形成融洽关系如此重要，那么具体来说应该怎样做呢？精神分析学包括神经语言学这一领域，其有关与对方投脾气的观点对我们非常富于启发性。下面介绍基于神经语言学的融洽关系形成。

基于神经语言学的融洽关系形成的方法称为"照镜子"，它以己方配合对方的身体语言及沟通类型为基础。虽说是照镜子，但终归旨在营造出脾气相投的氛围，并非完全与对方做相同的动作，否则就太滑稽了。

配合对方的沟通类型

首先，我们从配合对方的沟通类型着手思考。为做到这一点，有必要先判断对方的类型。

基本类型可分为视觉型、听觉型、动觉型三类。

对视觉类信息反应强烈，从视觉角度来把握事物的类型就是视觉型。如果对方有很多关于视觉的表达方式，例如"总觉得话题看上去不够鲜明""讨论的焦点很模糊""无法展望清晰的前景"，那么对方可能就是视觉型。此时，我方也应该努力采用诉诸视觉的表达方式。

如果"这一点希望对方能够认真倾听""希望对方能倾听我的声音""我方的主张听起来只是杂音"等听觉类的表达方式多的话，那么可以认为对方是听觉型。

如果对方"感觉不到重要性""希望你方能认真接受这一点""公司内部的温度差别很大"等表达方式众多，那么一般认为是动觉型。

如上所述，我们应该在理解对方沟通类型的基础上，使自己的表达方式配合对方的类型。

要试着与对方身体语言同步

此外，自己的一举一动配合对方的举手投足，在亲和力培养方面也很重要。如果对方是视线相对型，那么我方也应与之呼应；如果对方是回避视线型，那么我们就要避免凝视对方的眼睛；如果对方在对什么感兴趣时身子会探出来，那么我们也可尝试这样；我们还可以尝试配合对方的呼吸速度和说话速度。

不过，诀窍终归在于要自然而然地与对方配合，与对方投脾气。如果让对方感觉不自然，将会适得其反。

　　无论身体语言还是沟通类型，亲和力的培养终归只是为使谈判顺利开展下去的润滑油和调味品。需要格外注意的是，不要将精力过分集中在与对方投脾气上，从而疏忽了最重要的关于谈判内容的讨论。

过去投注的成本，就让它过去

彻底忘掉沉没成本

　　企业财务当中有一个重要的概念叫作沉没成本。这一概念指的是无法期待将来能有回报的过去的投资。由于无法期待今后的回报，所以在考虑今后投资的时候，沉没成本被认为是应该忽视的项目。在谈判当中，也是如此。如果花费了很多心思推动谈判，一路走过来，会觉得不想让这份劳动白费，所以无论如何都想让谈判能够善终，不想半途而废，这样一来，就很危险。

金钱与情感羁绊的束缚

"已经往这项业务里投入巨资，事到如今岂能以无法确定获得收益为由放弃呢？"

从已经投入巨资的心理重压和情感羁绊来说，这种观点非常容易理解。可是，已经投入了巨资这一事实，能够成为向无法确保获得收益的业务追加投资正当化的理由吗？如果冷静地进行判断的话，很明显，答案是否定的。以无法期待回报的投资为借口的追加投资只会使损失进一步扩大。所以，我们应该把已经投入的巨资看作沉没成本并彻底将其忘掉，然后终止该项业务。并且，新的追加投资应该与巨额沉没成本分割开来考虑，仅以这笔投资今后能产生多少回报为标准进行研究。

谈判中也存在沉没成本

事实上，在谈判当中上述想法同样成立。首先，要考虑谈判中的投资是什么？它指的是花在谈判上的大量时间、经费和辛苦劳动。这份投资的回报应该就是达成提高彼此满意度的协议方案。如果在某个谈判中，白白做了那么长时间的努力，结果还没有达成协议就出现了谈判破裂的征兆，由于人都有"不希望迄今为止付出的巨大辛苦白白浪费，无论如何也要达成协议"的心理，这样一来，由于达成协议本身变成了目的，所以首先会延长谈判。同时，做出本来不该做的让步的危险也将增加，甚至有时会发现达成的协议远远低于预期。

无论付出多少辛苦努力，如果结果差于谈判破裂时的替代方案，那么就应该斩钉截铁地中断谈判。不管怎样，达成协议并不是目的。在谈判当中也应该彻底地忘掉沉没成本。

用理性克制情绪

所以，在谈判中看清楚投资在哪个阶段产生的无法挽回回报的沉没成本非常重要。要做出"虽然我带着诚意，运用了所有可以运用的手段，但是如今依然无法指望达成比谈判破裂时的替代方案更好的方案"的判断并不容易。可是，只要带着理性，努力看清楚形势，做出相应的判断应该是可能的。

周围的人也应该理解沉没成本并对谈判给予关注

"周围的目光"也会造成谈判毫无意义地延长以及达成低于谈判破裂时的替代方案的协议。有时也许会被人批判"花了那么长时间，最后还是谈崩了啊"，因此，谈判者会冲动地试图达成协议。所以，不只谈判者本人，周围人也应该在理解谈判中存在沉没成本这一概念的同时不被情绪左右，理性地关注谈判的进展。

实践协商谈判之艺术!

在实际谈判中，只运用一个谈判战术的情况极为罕见。根据不同场合和情形，随机应变地运用各种谈判战术才是常用的策略。

本部分将结合具体案例讲解前文 13 种谈判技巧在实际谈判当中是如何被搭配使用的。

以下案例是新建公寓的买卖。在此案例中，您将观察到基本技巧及其变种是如何被运用的，在什么样的局面下变换战术，采取哪些战术，以及如何引导谈判朝着建设性的谈判发展等方面的技巧。

即使对方采取了多个谈判战术，基本的应对办法也都是一样的，即时刻保持清醒，保持逻辑思考，努力识破对方战术，在此基础上还要牢记开展建设性谈判。

应用案例——买卖新建公寓

东云是一家大型房地产公司的公寓销售人员。他在工作中一直重视提高买卖双方满意度，是一位非常诚实的销售人员。今天，他正在负责位于东京都练马区新建公寓样板间的销售工作。该公寓与其他公寓相比并不逊色，但是公寓整体上存在供给过剩的情况。特别是此公寓被划为高档房地产一类，所以销售起来并不容易。作为房地产公司，当然不希望积压库存，所以设定的价格已经包含了一定的折扣。今天，大型企业的运营总监药袋先生和夫人一起来访。药袋先生家里有两个孩子，一个上小学，一个上中学，他们正在考虑卖了现在的公寓，换一套新的房子。让我们看一下，谈判将如何展开呢？

售楼顾问东云：欢迎二位今天前来看房，请您随意观看。我叫东云，是这里的售楼顾问。您有什么问题的话可以随时问我。

顾客药袋（丈夫）：（在检查了一会儿房间格局以后）我问一下，从这儿到车站需要多长时间？

（一上来就提出一个有些不客气的问题，给人的第一印象来说可不是太好。不过，不能以此断定对方就是

"令人讨厌的顾客"，以开阔的心胸去面对吧。）

售楼顾问东云：步行的话，十五六分钟应该就能走到。

顾客药袋（丈夫）：要那么长时间吗？这一点不太理想啊。而且主干道就在附近，会很吵吧？空气会不会不好？今天阴天，看不太清楚南面的一栋楼房。采光也不太好吧？从 5 楼的房子上看，远处的景色也不太好嘛。附近好像找不到超市什么的，买东西什么的是不是也不方便？周边好像也没有学校什么的……绿化好像也挺少的。有公园什么的吗？

（这位先生，您的看法可真够刁钻的。消极的提问一个接一个地抛了过来，这可是相当大的压力。他对房子是感兴趣呢，还是从一开始就没兴趣，很难弄清楚。不过，如果原本就没兴趣的话，也不会特意来看样板间。怒上心头，但得忍住。如果往积极方面想的话，他挑了这么多毛病，可能是因为他相当感兴趣啊。不过也要事先想到，这也说不定是"白脸 / 红脸"战术呢。）

售楼顾问东云：这位先生，您好像对房子的位置很感兴趣啊。不光房子本身，所处位置也是很重要的考察点。即使房子本身好，如果位置很差的话住起来也会很不方便。此处的房子前往主干道很容易，所以非常方便。大型超市和打折店开车的话5分钟左右就能到。当然，附近还有好几家便利店。主干道虽然近，但由于并不是直接挨着，所以没什么噪声。光照条件呢，即使在冬天也可以一直晒到下午3点左右。反过来说，夏天的时候可以避开太阳西晒。因为是8层楼中的第5层，所以远眺景色还可以。夏天可以看到著名的小岛园的焰火。至于学校嘛，附近就有本地区的小学。附近也有好几个小公园，开车15分钟左右的话，就有一个大森林公园，是非常适合散步的休闲场所。

（东云应对得非常沉稳，认识到了对方关注事项的重要性，而且重视逻辑和理性，郑重地做出了回答。这时如果一味生气并从正面否定对方，对方会越发坚持自己的立场。这样一来说不定会放走好顾客。而东云在对对方的担心表示理解的同时，诚实而充满理性地进行讲解，这一点十分有效。）

顾客药袋（丈夫）：哦，是吗？不过，附带设施怎么样呢？停车场也很少的样子，自行车停车场和电梯间感觉都很狭窄。入口处、绿化什么的看上去也挺寒酸的。垃圾得往哪儿扔呢？是要全部扔在马路上吗？我好像没找着扔垃圾的地方。

（这位先生展开了反击。一旦否定性的问题和意见持续不断，无论如何都会容易变得想要反驳或者没有底气。对于接下来要提到的讨价还价也将产生心理上的影响，所以期待着东云先生能够克制住情绪，坚持到底。）

售楼顾问东云：停车场是立体结构，所以乍一看很小，但是可以充分确保停车位的有效使用。还有，为了尽可能增加居住面积，所以电梯间和入口处等附带设施非常重视功能设计。垃圾收集场是完全封闭式的，所以您从外面看不出来。您不用为乌鸦啄食垃圾或者散发恶臭而烦恼。由于是新建公寓，花草丛今后会越长越茂盛的。

（没有进行情绪化反驳，也没有消极地感觉没有底气，可以看出他为了消除这位先生的担心，正在诚实又耐心地应对。他将"狭窄"这样的消极提问用"重视功能设计"这样的表达方式巧妙地切换为积极因素。）

顾客药袋（丈夫）：这个嘛，可能你说的也有道理……

（我们可以感觉得到，顾客的态度多少有些软化。终于有了进展。）

售楼顾问东云：在考虑住宅的时候，先生您最重视的是哪些地方呢？

（可以看出，他在努力搜寻这位先生最关注的核心事项是什么。由于已经回答了对方多个提问，所以此时提问并不早，可以说正是好的时机。）

顾客药袋（丈夫）：这个嘛，有很多了，不过可能还是最关注保值、升值这一点吧。这年头，虽然不指望升值，但也不希望价值大幅下跌啊。

（这位先生最关心的核心事项似乎逐渐清晰起来。这可以说是更大的进展。东云此时应该积极主动地展开攻势。这是提高对方满意度的绝好机会。）

售楼顾问东云：原来是这样。资产保值的确是最重要的考虑之一啊。我认为这里的房产非常容易保值。一般来说，公寓的价值由其所处位置以及建筑质量、管理体制等决定。这里的房产位置还说得过去，结构上也抗震、防火，非常结实。同时，本公司的物业管委会制度在业界有良好口碑，值得信赖。此外，几年之后，这附近还将开通地铁，因此应该可以说这也有利于房产保值。

（东云从正面切入了这位先生的重要关切。他的讲解非常有逻辑性，并且非常有效。在从概念上展示用来确保资产保值的基本要素的基础上，做出了具体说明，值得给予好评。）

顾客药袋（丈夫）： 啊，是吗？那可太好了……不过要支付很高的管理费和维修公积金了，这些也是应该的，否则就不划算了。

（感觉这位先生态度变得积极多了。进展不错。）

顾客药袋（妻子）： 我非常满意。布局很宽敞，房间布局看上去用起来也很方便。通风条件看上去也不错嘛。屋顶很高，步入式衣柜也非常棒。

（夫人态度非常积极啊。刚经历过这家男主人的一番狂轰滥炸，所以对东云而言，夫人的反应无疑是特别令人愉快的表态。只是，一定要小心，不能忘乎所以。这说不定是"白脸/红脸"战术的前奏。另外，也有可能是"预算只有这些"的战术呢。）

售楼顾问东云： 看样子您对这间公寓非常满意。从外表看不出来，但是它采用的是隔音设计，所以也不必担心播放音乐和弹钢琴等声音打扰邻居。最新式的地暖也已铺好，还配有浴室换气干燥机。另外，步入式衣柜就不用说了，房间里还设计有众多可供收纳物品的空间。厨房里配有大型吊柜。此外，阳台也很宽敞，还安装有防水型插座。当然，建筑材料也重视安全性。除此之外，还有 24 小时换气系统，用来去除容易滞留在室内的二氧化碳和湿气的设计也万无一失，所以新鲜空气随时都在循环。

（这是在女主人可能感兴趣的地方对她展开彻底攻势。物品收纳、用水处、健康管理等，以居住环境为中心的具体讲解非常有效。无论"白脸／红脸"战术还是"预算只有这些"战术，对对方关于这套房子的积极评价给予彻底肯定很重要。关键在于，不能气馁或者忘乎所以。）

顾客药袋（妻子）： 我越来越满意这里了。对了，安全方面怎么样呢？我家先生出差多，所以我非常担心安全问题。

（这位女主人提出了非常重要的一点。如果牢记"认真倾听对方所讲"，我们可以知道，这正是这位夫人的重要关切之一。）

售楼顾问东云： 安全方面万无一失。火灾和预防犯罪的自动感应功能已经安装在每个房间里。紧急警报响起时，警备人员可根据需要出动。比起独栋楼房，公寓在安全方面绝对更有优势。管理员也是本公司雇用的可靠人员。

（东云巧妙地消除了夫人对于安全性的担心。他直截了当地从结论说起。与可能成为竞争对手的独栋楼房的比较，对于强调公寓的优势非常有效。）

顾客药袋（妻子）： 老公，你看怎么样？

顾客药袋（丈夫）： 是啊，看上去还不错。

售楼顾问东云： 是吗，非常感谢。如果可以的话，请您二位坐到这边来好吗？请坐！（二人都在位于餐厅的接待桌旁坐下。）如果方便的话，能请您两位填一下这份调查表吗？

（东云终于朝着具体的商务谈判迈出了一步。可以说已经形成了足够的信任关系，所以时机选得不错。）

顾客药袋（妻子）： 好啊！（和她的先生一起填写调查表。）

售楼顾问东云： 现在您二位考虑的是把您现在住的公寓卖掉以后再换新房子。这样的话，您不必急着买新房子啊。

（东云开始试探与对方谈判破裂时的替代方案了。药袋夫妇是在什么样的背景之下对这套房子感兴趣的，这在思考谈判过程时非常重要。他能成功问到吗？）

顾客药袋（丈夫）： 嗯，因为现在住的公寓也是我们唯一的房子，所以虽然没有必要马上搬出来，但是孩子们也越来越大了，从房间布局来说也开始有局限。包括独栋楼房在内，我们已经花了很多时间寻找合适的房子，可就是没有中意的房子。现在看来，对你们这里还是相当满意的。

（东云接近了药袋先生一家的替代方案。对方表示，虽然是自己的房子，但由于变得狭窄了，所以不得不考虑换一套房子。也就是说，继续住在现在的公寓里作为替代方案几乎不成立。这对东云来说可是个好消息。）

售楼顾问东云： 您对独栋楼房是怎么看的呢？

（东云现在是在下一个小的赌注。为了了解药袋先生一家的选项，这么问是合理的。不过，由于是将对方的意识从公寓带向独栋楼房，所以还是伴有相应风险的。可是，由于对方已经对这套房子拥有了相当大的兴趣，所以如果他的这个问题是为问到对方关于独栋楼房的否定性回答，这就是个值得肯定的提问了。由于已经明白了夫人关于安全方面的看法，所以应该没问题。万一对方表示还是想买独栋楼房的话，如果东云所在公司也在经营独栋小楼，那么将可以在一定程度上削减不利于己方的风险。）

顾客药袋（丈夫）：我觉得独栋小楼更好。还是想多少能有个院子，在里面种点东西什么的。

（将对方的想法转移到独栋楼房是不是打草惊蛇了呢？）

顾客药袋（妻子）：老公，你怎么还说这种话呀？我不是说过，我讨厌独栋楼房吗？这一点咱们不是早就已经说好了吗？你说是不是？

顾客药袋（丈夫）：知道啦，知道啦。

顾客药袋（妻子）：东云先生，你听我说。其实在结婚之前，我住在娘家的时候，曾经有好几次小偷进了我家。所以我已经对独栋楼房受够了。

（情况不妙啊。这个时候夫妻意见不合可不太好。希望他们夫妻二人关于买公寓达成的共识不要崩溃，期待着东云接下来的话能提高这位男士和妻子双方的满意度。）

售楼顾问东云：原来如此。想必当时情况很糟糕。公寓如果是 5 层的话，不会那么容易让小偷进入，而且除了刚才说的设备以外，这间公寓的锁是防撬式的，所以您可以放心。先生您对园艺好像很感兴趣，这里的阳台在设计的时候就尽量考虑到空间要充裕一些。所以，我认为您可以享受到与独栋楼房媲美的园艺乐趣。阳台专用的园艺用品也相当普及了。使用面积不仅和独栋楼房一样，而且由于没有台阶，所以住起来很省事。我认为一定会让您非常满意。

（东云成功地修复了二人的关系。顾客本人肯定也很满意。）

顾客药袋（丈夫）： 太会说话了你。我都想雇你到我们公司去了，哈哈哈哈哈哈……

（不知道是否是真心话，但是男主人表达的更加积极的看法开始增多了。不过，若对方马上使出"你们能再便宜点吧"战术或"预算只有这些"战术也并不奇怪。东云要当心了。）

售楼顾问东云： 您太爱开玩笑了。

顾客药袋（丈夫）： 我说的是真的。对了，如果我们真买的话，你就直说吧，能给我们便宜多少？

售楼顾问东云： 啊，因为这是新房，所以希望您能以此价格购买。按照规定，是不能打折的……

（东云回敬对方的是把规定当作恶人的"白脸/红脸"战术。初级阶段最忌讳轻易打折。这可不是一般的家电买卖。此时首先应该扎实地讨价还价。）

顾客药袋（丈夫）：这个嘛，你们表面上那么说，可实际情况又是什么样呢？其实你可以再给我便宜一些，对不对？前些天我去看的房子虽然是新盖好的，可是说能在标出的价格基础上给我 15% 的折扣。最近我们公司同事也说了，他买新公寓时对方给便宜了两成。我记得应该是大型企业三池房地产的房子。相关图书上可是写了，高档公寓打折率尤其高。

（男主人使出"能再便宜一些吧"战术和"与其他公司相比……"战术展开了猛烈攻击。作为男主人来说，想在一开始就获取某种程度的打折是理所当然的。他应该想在此基础上进一步开展打折谈判。东云可千万不要把"那个房子肯定是卖剩下的"这样的话说出口啊。）

售楼顾问东云：（以打断男主人的形式）对了，您说您准备换新房子，您现在住的公寓的具体销售计划是什么样的呢？

（东云转移了话题。在这个阶段，关于打折还是不打折的议论拖延太久并非上策。东云可能是准备试探药袋先生家的支付能力。看清楚对方的支付能力在价格谈判中必不可少。）

顾客药袋（丈夫）：嗯，还没有具体行动起来，但是根据周围房地产的情况，应该会比当初买的价格下降两至三成。虽然地理条件不差，但不管怎么说都是泡沫经济最顶峰时买的房子嘛。我们当时是花了 5 000 万日元买的，所以如果能卖到 4 000 万日元就谢天谢地了。

售楼顾问东云：您家的房贷还剩多少？

顾客药袋（丈夫）：房贷吗？啊，还剩 2 000 万日元没还。

（东云开始计算。"保守估计，如果现在他们住的房子卖到 3 500 万日元，那么可以认为，和房贷余额之间的差价就是购买新房子的手头资金。如果包括奖金在内，将这位先生的年收入约为 900 万日元来算的话，可以判断他家有足够的贷款能力。可以认为他还有一定的积蓄，所以购买新房子在财务上没有问题，大幅降价应该没有必要。当然，这要以他家除了房贷以外没有大额的负债为前提。"）

售楼顾问东云：哦，原来如此。如果这样的话；您在购买这套房子时的资金筹措似乎完全没有问题。另外，您在丸菱商事钢铁部门担任运营总监，这就更应该没有问题了。您家除房贷以外没有其他债务了吧？

（东云在对对方极尽吹捧之后，紧接着就顺便问了对方一个难以提出的问题。真是高明啊。）

顾客药袋（丈夫）： 你别看我这个样子，我可是非常认真的人，根本没有其他借款。不过啊，希望你能尽可能给我便宜一些。其实，有一家优质的二手房我们两个人也都非常满意。因为是二手房嘛，所以经济上的负担可真是一下子就能轻松不少。要是那个房子的话，用这间房子三分之二的花费就可以搞定。

（男主人拿出了二手房这一新的替代方案。压力压在了东云身上。）

顾客药袋（妻子）： 可是呢，二手房终归是二手的，可赶不上新房。我很满意这个房子。不过，今后孩子的学费也是很重的负担，我们家先生也不知道什么时候会面临裁员风险。操心的事太多了……东云先生，您一定会尽可能照顾我们一下是吧？

（药袋夫妇绝妙地配合。丈夫以替代方案施压，夫人则采用哭穷战术。"白脸/红脸"战术、"能再便宜点吧"战术，还有虽然没有提及具体数字，但加上"预算只有这些"战术，可以看出，对方采取了三连击。大家注意到了吗？那么东云准备怎么办呢？）

售楼顾问东云： 谢谢二位。原来您两位对这个房子如此满意啊。这等于您二位已经决定购买了对吧？我本人东云太郎希望能够想办法帮上药袋先生一家。比如，现在您住的房子的销售能委托给我们公司吗？另外，在资金筹措方面，您能优先考虑选用与我公司有合作的金融机构吗？

（通过将来自对方的压力转换为"获得了对方购买的决策"的积极解释，将谈判导向购买承诺。这堪称"压力反击"的高明战术。同时，东云将谈判的范围并不局限于这套房子的买卖，还将其扩展到对方现在住房的销售及资金筹措上。也就是说，正在转换为成套交易。这样一来，即使给对方一定程度的折扣，确保获取综合收益的可能性也将提高。对于药袋夫妇而言，交易集中到一家，可以说也蕴藏着换房整体上的经济情况偏好的可能性。这是一个有可能提高双方满意度的积极提议。）

顾客药袋（丈夫）： 这很值得考虑。

售楼顾问东云： 是吗？太好了！比方说……

（谈判正在朝着非常好的方向发展。这次商务谈判应该可以迎来好的结果。实在可喜可贺。）